Echo Show 5 – der inoffizielle Ratgeber

Noch mehr Leistung: Skills, Fakten, Lösungen und Tipps –
Intelligenz aus der Cloud!

1.0.4 erweiterte Ausgabe

Von Wilfred Lindo

I0415451

Impressum

Echo Show 5 – der inoffizielle Ratgeber

Noch mehr Leistung: Skills, Fakten, Lösungen und Tipps – Intelligenz aus der Cloud!

von Wilfred Lindo

Buch-Produktion und -Distribution

Redaktionsbüro Lindo

NEU: Die Seite zu smarten Lösungen: www.streamingz.de

Scan mich! Weitere Ratgeber, die ebenfalls für Sie interessant sind!

ISBN: **9781081113704**

Imprint: Independently published

Updates für dieses Buch

Sicherlich werden in den nächsten Tagen und Wochen noch **weitere Sprachbefehle** im Bereich Unterhaltung unter Alexa erscheinen. Wir halten Sie natürlich auf dem Laufenden, so dass wir die Inhalte in regelmäßigen Abständen aktualisieren.

Auch wenn Amazon für diese Fälle eine spezielle automatische Aktualisierung bietet, kann es teilweise bis zu sechs Wochen dauern, bis ein einzelner Titel automatisch aktualisiert wird und somit die Leser die neuen Inhalte auch erhalten.

Dies beansprucht immer viel Zeit. Alternativ können Sie, sofern Ihnen bekannt ist, dass es ein Update zu diesem eBook gibt, den Support von Amazon per Mail anschreiben. Ihnen wird dann das Update dieses Buches manuell eingespielt. Dies geschieht meist innerhalb von24 Stunden.

eBook Update: Spaß und Unterhaltung mit Alexa

Daher tragen Sie sich einfach auf folgender Webseite (**ebookstars.de/ebook-update-amazon-echo-ratgeber**) ein, die wir für unsere Kunden und Leser eingerichtet haben.

Wir verständigen Sie per E-Mail zeitnah, wenn eine aktuelle Überarbeitung der Inhalte vorliegt. So müssen Sie nicht wochenlang auf ein automatisches Update seitens Amazon warten. Oder scannen Sie den notwendigen Link per QR-Code direkt ein. Scan mich!

Inhaltsverzeichnis

Idee dieses Buches

Mit dem neuen Echo Show 5 ist Amazon ein weiterer genialer Schachzug gelungen, der sich optimal in die Amazon-Welt einfügt. Der smarte Lautsprecher mit 5-Zoll Display ergänzt perfekt das heimische Umfeld. Echo Show 5 findet seinen Platz in der Küche, im Schlafzimmer oder am Arbeitsplatz. Ein **intelligenter Radiowecker 4.0** mit Sprachsteuerung. Ein echter digitaler Helfer, der die bisherigen Echo-Geräte leicht in den Schatten stellt.

Dabei bietet der neue Echo Show einen ausgezeichneten Klang trotz seiner handlichen Form. Das Display liefert viele nützliche Informationen und ergänzt die Sprachsteuerung von Alexa perfekt. Die Verwaltung von Terminen, Timern und aktuellen News funktioniert nun wesentlich einfacher durch das neue **Discovery Panel**. Auch das Musikhören wird deutlich optimiert, da Songtexte und Cover automatisch eingeblendet werden. Alexa wird mit Echo Show benutzerfreundlicher und Mensch-kompatibel.

Dabei sind weiterhin alle Skills und Anwendungen unter dem Sprachsystem von Alexa verfügbar. Mit Echo Show 5 stellt Amazon eine gelungene Kombination aus Sprachsoftware Alexa und einem Echo-Lautsprecher mit integriertem Display vor, welche einen Mehrwert für jeden Nutzer darstellt. Doch auch hier beschränkt sich Amazon auf ein Minimum an Dokumentation. Eine ausführliche Beschreibung aller angebotenen Funktionen sucht der Nutzer auch hier vergeblich. Genau da setzt dieses Buch an. Wer die Echo-Geräte aus dem Hause

Amazon nicht vollständig im Blindflug erkunden möchte, greift zu diesen Seiten.

Mit dem neuen Echo Show 5 ist der Umgang mit Sprachsteuerung und Display wegweisend. Zumal in regelmäßigen Abständen neue Sprachbefehle und Funktionen für die Musikwiedergabe via Alexa dazukommen. Entsprechend wird auch dieses Buch in regelmäßigen Abständen aktualisiert, um immer auf dem neuesten Stand zu bleiben. Nutzen Sie dazu auch unseren **Update-Service**.

Viel Erfolg und Spaß wünscht Ihnen

Wilfred Lindo

NEU: Die Seite zu smarten Lösungen:
http://www.streamingz.de

Amazon Echo Show 5 in der Praxis: Multitalent mit Display

Mit dem Echo Show 5 kommt nun der nächste smarte Lautsprecher mit einem Display auf den Markt. Das Gerät ist eine direkte Antwort auf vergleichbare Konkurrenzprodukte von Google (Nest Hub) und Lenovo (Smart Clock). Bei dem neuen Echo-Gerät ist natürlich auch der Sprachassistent Alexa mit an Bord. Dabei gibt es keinerlei Einschränkungen bei der Funktion. Das 5 Zoll Display ermöglicht das Anzeigen von zusätzlichen Informationen und ist somit die optimale Ergänzung zu der Sprachsteuerung, da manche Details doch besser auf dem Bildschirm erkennbar sind.

Abb.: Der Echo Show 5 im Einsatz (Quelle: Amazon)

Amazon Echo Show: Verarbeitung und Optik

Im direkten Vergleich zu dem kastenartigen Echo Show, der sich mit einem 7-Zoll-Display präsentiert, kommt der neue Echo Show eher klein und zierlich daher. Daher kann das smarte Echo-Gerät fast in jeder Umgebung sehr gut platziert werden. Entsprechend eignet sich Echo Show ausgezeichnet als intelligenter Radiowecker, als smarte Küchenuhr oder als informativer Lautsprecher am Arbeitsplatz.

Der vordere Bereich des Displays hat die ungefähre Größe eines großen iPhones. Die Vorderseite ist abgeflacht, hier sitzt das Display mit einer Diagonale von knapp 14 cm (5,5 Zoll). Die Größe ist ausreichend, um Informationen und Inhalte gut abzulesen. Zum Vergleich. Der Echo Spot verfügt über ein 2,5 Zoll-Display (knapp 6,4 cm). Der große Bruder Echo Show kommt mit 10 Zoll auf eine stattliche Diagonale von rund 25 Zentimetern.

Das Gehäuse und das Display

Das Gehäuse besteht aus einem hochwertigen Kunststoff, der dem Echo-Gerät eine gewisse Wertigkeit verleiht. Dafür sorgt auch das Gewicht von 410 Gramm und die strukturierte Oberfläche auf der Rückseite. Aktuell ist der Echo Show 5 in den Farben Weiß und Schwarz verfügbar. Das Display ist aus echtem Glas gefertigt. Stürze sollten daher möglichst vermieden werden. Der kleine Bildschirm wird von einem Rand eingefasst, der knapp 1 Zentimeter einnimmt. Oberhalb des Displays, auf der rechten Seite, befindet sich die Linse der integrierten Kamera und ein Helligkeitssensor. Amazon hat im Gerät eine Kamera mit 1 Megapixel verbaut, die damit 720p Videos erzeugen kann.

Erstmalig bietet ein Echo-Gerät eine integrierte Kameraabdeckung, die bei Bedarf über die Linse geschoben werden kann. Der Nutzer kann aber weiterhin mit Alexa kommunizieren. Dabei wird die Kamera mit Hilfe des Schiebemechanismus nicht nur abgedeckt, sondern die Verbindung wird auch unterbrochen.

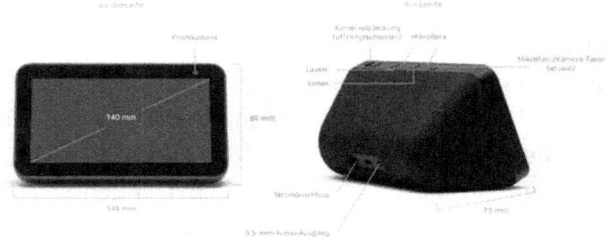

Abb.: Die wichtigsten Eckdaten: Echo Show 5 (Quelle: Amazon)

Wie auch der große Echo Show bietet auch das aktuelle Modell einen berührungsempfindlichen Touchscreen. Es lassen sich somit bestimmte Befehle per Anklicken ausführen. Die Auflösung beträgt 960 x 480 Pixeln. Dies ergibt eine Pixeldichte von 195 ppi. Das Hauptaugenmerk liegt allerdings auf der eigentliche Sprachsteuerung via Alexa. Ähnlich wie alle anderen Echo-Geräte kann auch der neue Echo Show per Sprachbefehl oder über die Alexa App (Android / iOS) angesteuert werden.

Zur manuellen Bedienung befinden sich zusätzlich drei Tasten an der Oberseite des Gehäuses. Sie dienen zur Steuerung der Lautstärke (lauter und leiser) und zur Stummschaltung für Kamera und Mikrofon. Die Lautsprecher lassen sich über die Mute-Taste nicht abschalten.

Hinweis: Sie können den Echo Show 5 vollständig ausschalten, indem Sie die Mute-Taste für einige

Sekunden gedrückt halten. Zum erneuten Einschalten drücken Sie erneut die Taste für kurze Zeit.

Anschlüsse und Funktionen

Da die Alexa-Sprachsteuerung die zentrale Funktionalität von Echo Show darstellt, haben die Macher ein besonderes Augenmerk auf die verbauten Mikrofone gelegt. Diese befinden sich ebenfalls auf der Oberseite des Gehäuses. Diese sind an den kleinen Öffnungen zwischen den drei Tasten zu erkennen.

Auch hier bedient sich Amazon einer verbesserten Technik. für eine bessere Spracherkennung. Basis bildet hier die Fernfeldtechnologie, die akustische Richtstrahltechnologie sowie eine verbesserte Geräuschunterdrückung. So werden auch Kommandos bei lauter Musik oder bei diversen Nebengeräuschen gut verstanden.

Auf der Rückseite des Gehäuses befindet sich eine kleine Aussparung, die einen Anschluss für einen Klinkenstecker und dem Anschluss des Netzteiles beherbergt. Über dem 3,5 mm-Stereoaudioausgang kann jeder externe Lautsprecher, eine Soundbar oder eine Heimkino-Anlage angeschlossen werden. Bei der Stromversorgung setzt Amazon ebenfalls auf einen Standardstecker, der auch bei den meisten Echo-Geräten eingesetzt wird.

Hinweis: Zusätzlich ist auf der Rückseite noch eine Micro-USB-Schnittstelle vorhanden, wie diese auch beim Echo Dot zu finden ist. Leider ist diese nur eingeschränkt nutzbar und dient wohl ausschließlich für einen externen

Netzwerkadapter. Somit ist ein Betrieb unabhängig vom Stromnetz nicht möglich. Auch das Aufladen eines Smartphones ist nicht vorgesehen.

Die Unterseite des Gehäuses ist gummiert und sorgt für einen guten Stand des Echo Shows 5. Wer das Gerät frei drehen möchte, sollte über die Anschaffung eines verstellbaren Ständers nachdenken, den Amazon ebenfalls anbietet.

Die verschiedenen Funktionalitäten

Auch wenn Echo Show auf dem ersten Blick ein deutlich anderes Erscheinungsbild als die bisherigen Echo-Geräte von Amazon haben, so ist doch die Funktionalität gleich. Die wesentliche Funktionalität bezieht sich auf die Steuerung über den Sprachassistenten Alexa. Alle bisher verfügbaren Kommandos lassen sich somit auch mit dem Echo Show verarbeiten. Natürlich sind alle Erweiterungen (Skills) ebenfalls abrufbar.

Das Display

Der wesentliche Unterschied besteht im Display, worüber viele nützliche Informationen eingeblendet werden können. Entsprechend ist der Bildschirm eher eine nützliche Beigabe und erweitert den täglichen Einsatz von Alexa. So wird ein zusätzliches Sinnesorgan, das Sehen, eingebunden. Daraus ergeben sich einige interessante Anwendungen.

Abb.: Auch in der Küche macht der Echo Show 5 eine gute Figur (Quelle: Amazon)

Hinweis: Sind mehrere Echo-Geräte bei Ihnen im Einsatz, reagiert immer das nächstgelegene Gerät. Für diese Funktion ist das sogenannte *ESP* (*Echo Spatial Perception*) zuständig.

So werden einige nützliche Informationen auf dem Display angezeigt:

- Bei der Abfrage nach der Zeit wird eine Uhr eingeblendet

- Beim Wetter werden einige Wetterdaten angezeigt

- Beim Abruf von aktuellen Tages-Informationen (z.B. Tagesschau in 100 Sekunden) wird zusätzlich die Tagesschau als Video abgespielt.

- Bei Abruf von Musik wird der passende Songtext eingeblendet

Selbst Videos und Filme und lassen sich auf dem kleinen Display abspielen, allerdings hält sich der Spaß in Grenzen, da auf einem 5,5 Zoll-Display kleinere Details nicht zu erkennen ist. Eine ähnliche Wiedergabequalität bieten vergleichbare Smartphones. Dafür ist Echo Show auch nicht tatsächlich die passende Hardware. Zumal der Abruf per Sprachbefehl nicht ganz einfach ist.

Wesentlich interessanter ist die Möglichkeit zur Video-Telefoniefunktion, um mit anderen Anwendern zu kommunizieren. Aktuell beschränkt sich Amazon ausschließlich auf den eigenen Dienst. Videotelefonate über Microsoft Skype, Apple FaceTime oder WhatsApp sind aktuell nicht möglich. Denkbar ist auch der Einsatz als Babyfon oder als Kommunikationsmedium innerhalb des eigenen Hauses. Dafür sind dann zwei Echo-Geräte mit einer vergleichbaren Videofunktion (Echo Show, Echo Show, Echo Show 5, Fire Tablet) notwendig.

Insgesamt präsentiert sich das Display in einer guten Qualität. Alle Informationen werden in einer ansprechenden Wiedergabequalität auf dem Bildschirm gebracht. Auch die Farben werden ordentlich wiedergegeben. Der Blickwinkel ist ausgezeichnet und lässt sich von unterschiedlichen Positionen gut ablesen.

Lautsprecher und Wiedergabe

Die Wiedergabe von Musik und Sprache ist wirklich gut und schlägt um Längen die Qualität vergleichbare Geräte. Dafür sorgt nach Angaben von Amazon ein 1,65 Zoll Breitbandlautsprecher mit einer Leistung von 4 Watt. Selbst bei mittlerer Lautstärke ist die Klangwiedergabe gut und schlägt jeden handelsüblichen Radiowecker. Nur bei einer sehr hohen Lautstärke gelangt Echo Show an seine Grenzen. An die Wiedergabequalität von Echo (2.

Generation) und Echo Plus kommt Echo Show jedoch nicht ganz heran.

Abb.: Echo Show 5: Das kompakte, smarte Gerät (Quelle: Amazon)

Wer hier eine bessere Qualität benötigt, muss einen externen Lautsprecher anschließen. Wird der Klinkenstecker eines externen Gerätes eingesteckt, wird der interne Lautsprecher von Echo Show ausgeschaltet. Da Echo Show auch über eine Anbindung via Bluetooth verfügt, kann auch ein externer Bluetooth-Lautsprecher oder das eigene Smartphone angeschlossen werden.

Benutzeroberfläche von Echo Show

Ähnlich wie bei dem Echo oder Echo Plus wird der Zustand von Alexa über die bekannte Lichtfunktion angezeigt. Aufgrund der Bauform kommt beim Echo Show

5 nicht ein Lichtkreis zum Einsatz. Hier wird am unteren Bereich des Displays ein Lichtstreifen eingeblendet. Dabei übernimmt das Display diese Funktion. Hat das System ein Sprachkommando empfangen, erscheint das bekannte Lichtmuster.

Besonders begeistern kann der Touchscreen des Echo Shows bei der Einrichtung des Systems. Hier lassen sich die meisten Funktionen des Echo-Gerätes über eine intuitive Benutzeroberfläche einstellen. An manchen Stellen ist der Kontakt allerdings nicht durchgängig gelöst, dann fordert das System doch einen Sprachbefehl. Hier werden zukünftige Updates jedoch sicher die gewünschten Verbesserungen bringen.

Nach der ersten Einrichtung startet Echo Show mit einer analogen Uhr auf dem Homescreen. Diese wechselt dann zwischen der aktuellen Wetterlage, Tipps und News. Das Erscheinungsbild und diverse Einstellungen lassen sich über die Funktion *Einstellungen* individuell an die eigenen Wünsche anpassen. So gibt es für die verschiedenen Uhren diverse Skills. So können Sie zwischen analogen und digitalen Bildern sowie eigenen Bildhintergründen wählen. Alle Eingaben erfolgen erfreulicherweise per Touchscreen.

Zu den Einstellungen gelangen Sie per Sprachbefehl:

- „Alexa, gehe zu Einstellungen."

Alternativ können Sie durch einen Wisch von oben nach unten über das Display die gewünschten Einstellungen aufrufen. Auf dem ersten Bildschirm finden Sie drei entsprechende Symbole. *Startseite / Home* (*Symbol eines Hauses*), den *„Bitte nicht stören"*-Modus (*Symbol:*

durchgestrichener Halbmond) und die *Einstellungen* des Echo Shows (*Symbol Zahnrad*). Darunter können Sie die Helligkeit des Displays über einen Schieberegler einstellen.

Läuft gerade Musik, wird auf dem ersten Bildschirm im unteren Bereich noch die aktuelle Wiedergabe mit Titel und Cover angezeigt. Die wesentlichen Parameter zu Ihrem Echo Show finden Sie unter *Einstellungen*.

Hinweis: Möchten Sie im normalen Betrieb (beispielsweise bei der Musikwiedergabe) auf die Anzeige der Uhr zurückkehren, dann fragen Sie nach der Uhrzeit: *„Alexa, wie spät ist es.“*

Das neue Discovery Panel

Mit dem Start des Echo Show 5 spendiert Amazon auch gleich eine verbesserte Systemoberfläche. Dabei können weiterhin die Einstellungen über einen Wisch aufgerufen werden. Zusätzlich wird durch einen Wisch von rechts nach links das neue Discovery Panel angezeigt. Darüber können die Menüpunkte *Kommunikation*, *Smart Home*, *Musik*, *Video*, *Routinen* und *Alarme* aufgerufen werden. Zudem kann der Nutzer einzelne Funktionen über ausgesuchte Panels kennenlernen.

Doch das eigentliche Highlight sind die verschiedenen Funktionen, die über das erweiterte Panel abgerufen werden können. Nun können endlich auch einzelne Musiktitel, Filme, Videos und smarte Geräte im Haushalt direkt über das Display aufgerufen werden. Sprachbefehle für die einzelnen Menüs sind bisher nicht vorhanden.

- **Kommunikation**: Hierüber können die Drop In-Funktion, Ankündigungen, Anrufe, Nachrichten und Kontakte aufgerufen werden.

- **Smart Home:** Hier werden die smarten Geräte (z.B. Licht) angezeigt und lassen sich darüber steuern.

- **Musik**: Über diesen Menüpunkt lassen sich vor kurzem gehörte Musiktitel aus Amazon Music abrufen.

- **Video**: An dieser Stelle lassen sich Filme und Serien aus dem Prime-Angebot abrufen. Auch einen Zugriff auf die eigene Video-Bibliothek hat Amazon spendiert.

- **Routinen**: Hierüber lassen sich einzelne Routinen, also Zusammenfassungen von verschiedenen Alexa-Befehlen, starten.

- **Alarme**: An diesem Punkt lassen sich bestehende Wecker starten oder neue Alarmfunktionen starten.

Fazit: Was bringt Echo Show 5?

Insgesamt macht Echo Show 5 einen wirklich guten Eindruck. Das neue Gerät aus der Echo-Serie stellt eine logische Weiterentwicklung dar und zielt dabei genau auf den Bedarf eines digitalen Helfers im heimischen Umfeld. Nicht zuletzt zeigt auch die permanente Anzeige einer Uhr den eigentlichen Beweggrund für Echo Show: Als intelligente, smarte Uhr, die in ein bestehendes sprachgesteuertes System integriert wird.

Wer also Echo Show auf dem Nachttisch, auf der Arbeitsplatte in der Küche, im Regal im Wohnzimmer oder auf dem Schreibtisch platziert, ist damit bestens bedient. Sicherlich kann diesen Job auch ein Echo Dot übernehmen, doch hier ist ein Display doch eine spannende Angelegenheit. Zumal viele Aufgaben besser mit Augen und Ohren erledigt werden können.

Eine echte Weiterentwicklung stellt dabei das sogenannte Discovery Panel dar. Hier können endlich eine Vielzahl von Funktionen aufgerufen werden, die bisher nur über Umwege gestartet werden konnten.

Installation: Echo Show aktivieren

Nach dem Sie Echo Show 5 mit der Stromverbindung angeschlossen haben, meldet sich das Gerät nach wenigen Augenblicken. Im ersten Schritt wählen Sie dazu die gewünschte Sprache und wählen Ihre Wahl per Touchscreen aus. Idealerweise entscheiden Sie sich für „*Deutsch*".

Im zweiten Schritt wählen Sie das gewünschte WLAN-Netz aus, dass ihr Heimnetzwerk zur Verfügung stellt. Die verfügbaren Netze werden ebenfalls auf dem Display angezeigt. Dazu sollten Sie das notwendige WLAN-Passwort zur Hand haben. Dieses geben Sie über die eingeblendete Display-Tastatur direkt per Hand ein. Haben Sie das Passwort korrekt eingegeben, drücken Sie die Taste „*Verbinden*" auf dem Display.

Abb.: Mit wenigen Schritten zur Installation (Quelle: Amazon)

Er erscheint die Meldung „*Verbindung wird hergestellt*" auf dem Bildschirm. Schlägt die Anbindung fehl, geben Sie erneut das Passwort ein oder wählen ein anderes WLAN-Netz.

Ist die Verbindung erfolgreich hergestellt worden, werden Sie namentlich begrüßt. Alternativ geben Sie Ihre Zugangsparameter zu dem gewünschten Amazon-Konto an. Je nach Einstellung müssen Sie noch einen Sicherheitscode einfügen, der per SMS oder über eine App übermittelt wird. Diesen Code geben Sie ebenfalls über das Display des Echo Show 5 ein. Bei den neuen Geräten verzichtet Amazon auf eine Vorinstallation.

Hinweis: Sofern Sie noch kein Konto bei Amazon besitzen, müssen Sie im ersten Schritt ein neues Konto über die Webseite einrichten. Erst dann können Sie ein neues Gerät anmelden.

Nun müssen Sie noch die aktuelle Zeitzone wählen, in der Sie sich gerade befinden. Idealerweise wird „*Europa / Mitteleuropäische Normalzeit ...*" bereits angezeigt. Daher müssen Sie die Eingabe einfach nur mit der Pfeiltaste aus dem Display bestätigen.

Hinweis: Parallel zur Einrichtung erhalten Sie meist eine E-Mail-Nachricht mit ersten Anregungen und Informationen zu Ihrem neuen Gerät. Sofern Sie über eine eingerichtete Alexa-App auf ihrem Smartphone verfügen, wird das neue Echo-Gerät dort automatisch geführt.

Anschließend wird der Gerätename Ihres Echo Shows angezeigt. Auch diesen können Sie bestätigen oder Sie entscheiden sich für eine eingängige Bezeichnung. Den Namen können Sie zu einem späteren Zeitpunkt jederzeit ändern. Zudem können Sie alternativ das Gerät einer Gruppe (Standort) zuordnen. Diese Einstellung ist allerdings optional.

In der Regel werden bei der Erstinstallation aktuelle Updates für das Gerät eingespielt. Dazu bestätigen Sie die Eingabe „Jetzt aktualisieren". Dieser Vorgang kann meist einige Minuten dauern. Dazu gibt Alexa bereits erste Sprachhinweise. Beispielsweise, dass das Gerät beim Einspielen des Updates mehrmals gestartet wird. Eine fortlaufende Anzeige gibt Ausschluss über den aktuellen Stand des Updates.

Ist Echo Show 5 endlich einsatzbereit, erscheint die Meldung *„Herzlich Willkommen bei Echo Show 5 auf dem Display"*. Betätigen Sie die Pfeiltaste in der Mitte des Displays. Es wird ein kleines Video zur Vorstellung des Gerätes eingespielt. Meist wird anschließend noch etwas Werbung eingeblendet, die Sie per Touchscreen einfach überspringen.

Hinweis: Das Video können Sie beenden, in dem Sie einfach die kreisrunde Anzeige zum Ende führen.

Dann meldet sich Alexa mit der Meldung *„Dein Echo Show ist jetzt bereit"*. Es wird eine Anzeige einer analogen Uhr eingeblendet, die sich mit Wettermeldungen, Hinweisen und aktuellen Schlagzeilen abwechselt.

Verfügbare Einstellungen von Echo Show

Die ganze Bandbreite der verfügbaren Funktionen spielt Echo Show über die Einstellungen aus. Hier kann das System bis ins kleinste Detail an die eigenen Wünsche angepasst werden. Zu den Einstellungen gelangen Sie per Sprachbefehl:

- „Alexa, gehe zu Einstellungen."

Alternativ können Sie durch einen Wisch von oben nach unten über das Display zu den Parametern gelangen. In diesem Fall gelangen Sie zu dem ersten Einstiegsbildschirm. Hier finden Sie drei entsprechende Symbole und den Helligkeitsregler:

- *Startseite / Home* (*Symbol eines Hauses*)

- *„Bitte nicht stören"*-Modus (*Symbol: durchgestrichener Halbmond*)

- *Einstellungen* des Echo Shows (*Symbol Zahnrad*). Darunter können Sie die Helligkeit des Displays über einen Schieberegler einstellen.

Läuft gerade Musik, wird auf dem ersten Bildschirm im unteren Bereich noch die aktuelle Wiedergabe mit Titel und Cover angezeigt. Die wesentlichen Parameter zu Ihrem Echo Show finden Sie unter *Einstellungen*.

- **Bluetooth**: Hier können Sie Echo Show mit einem anderen Bluetooth-Gerät verbinden.

- **WLAN**: Hier wird das aktuelle WLAN angezeigt. Durch einen Klick gelangen Sie zu den Parametern, um die Anbindung zu unterbinden oder zu verändern.

- **Startseite und Uhr**: Hier können Sie bestimmen, welches Design (analog, digital oder ein persönliches Foto) die angezeigte Uhr zeigen soll und welche zusätzlichen Informationen (Startseitenkarten) abgerufen werden. Zusätzlich finden Sie die Parameter für den Nachtmodus.

- **Bildschirm**: Hier können Sie die Einstellungen für eine mögliche Fotodiashow einstellen und die Helligkeit des Displays bestimmen.

- **Töne**: Hier können Sie die Lautstärke von Wecker, Timer und Benachrichtigungen einstellen.

- **Bitte nicht stören**: Über diese Parameter kann der Betrieb des Gerätes eingeschränkt werden.

- **Kommunikation:** In dieser Einstellung lässt sich der Klingelton für eingehende Anrufe aktivieren.

- **Geräteoptionen:** An dieser Stelle lassen sich Gerätename, Standort, Sprache, Aktivierungswort und Datum und weitere Grundeinstellungen vornehmen. Auch Updates und eine Zurücksetzung von Echo Show sind verfügbar.

- **Zugriff beschränken:** Hier kann der Zugriff auf Fotos und Videos vom Anwender beschränkt werden.

- **Zum Ausprobieren:** Hier finden Sie Vorschläge für mögliche Alexa Sprachbefehle.

- **Hilfe**: An dieser Stelle finden Sie einige Anregungen, wenn es Probleme mit Echo Show und Alexa gibt.

- **Barrierefreiheit**: Ihr Echo Show bietet unter diesem Menüpunkt einige Funktionen, um den Umgang mit dem Gerät zu vereinfachen.

- **Rechtliches und Konformität**: Hier finden Sie die rechtlichen Bedingungen unter dem Alexa und die passenden Geräte betrieben werden. Zudem gibt es einen Zugriff auf die verwendete Datenschutzerklärung.

Hinweis: Sofern Sie eigene Bilder für den Hintergrund verwenden, so werden Sie im Intervall von 10 Minuten gewechselt.

Auf welchen Geräten arbeitet Alexa?

Amazon baut die Fähigkeiten seines Sprachassistenten Alexa weiter aus. Zudem wird auch die Echo-Hardware weiter ausgebaut. Auf dem deutschen Markt startete das Unternehmen zunächst mit den beiden Lautsprechern **Amazon Echo** und *Echo Dot*. Die Markteinführung fand bereits Anfang 2017 statt. Dabei werden die neuen Geräte zunächst auf dem amerikanischen Markt eingeführt, einige Monate später gelangen die Neuheiten auch auf weitere Märkte. So sind in der Zwischenzeit weltweit weitere Echo-Geräte verfügbar.

Die nächste Generation: Amazon Echo und Echo Plus

Anfang 2017 ging Amazon mit Amazon Echo und Alexa in Deutschland an den Start. Nun folgt die zweite Generation der sprachgesteuerten Geräte. Amazon brachte zunächst den smarten Lautsprecher (**Amazon Echo**) mit einem neuen Design, einem verbesserten Sound und zu einem deutlich günstigeren Preis auf den Markt (2. Generation). Gleichzeitig erhält die verbesserte Echo-Familie auch eine Reihe von neuen Funktionen. Nun folgen auch verbesserte Versionen von **Echo Dot** und **Echo Plus** mit einem integrierten Smart Home Hub.

Oder Sie fragen Alexa selbst: „Alexa, *erzähl mir etwas über das neue Amazon Echo!*"

Zudem brachte Amazon Ende 2018 mehrere Ergänzungen zur Echo-Familie auf den Markt. Für Musikfans präsentiert das Unternehmen den neuen **Echo Sub**. Ein Subwoofer, der für Bass bei der Wiedergabe von Musik, Sprache und Geräuschen sorgt. Mit **Echo Connect** kommt eine Hardware auf den Markt, die ein Echo-Gerät in ein sprachgesteuertes Telefon verwandelt. Weitere Ergänzungen sind bereits angekündigt. Für 2019 ist die Echo Wall Clock von Amazon angekündigt. Eine smarte Wanduhr mit Alexa-Anbindung.

Natürlich bietet Amazon auch eine Lösung für die Anbindung an eine Musikanlage. Mit **Echo Link** und **Echo Link Amp** lassen sich bestehende HiFi-Anlagen über Alexa an Streaming-Dienste anbinden.

Amazon Echo Show 5 oder Spot –Rund oder kompakt

Das neueste Gerät in der Reihe der Echo-Familie ist Echo **Show 5**. Eine kompakte Smart-Home-Einheit mit einem 5-

Zoll-Display und einer Auflösung von 960 x 480 Pixel. Mit dem kompakten Design, einem wirklich guten Klang und einer integrierten Kameraabdeckung, unterstützt das neue Gerät alle verfügbaren Alexa-Befehle.

Für Anwender, die es noch etwas kleiner mögen, aber auf ein Display nicht verzichten möchten, greifen zum Echo Spot. Ein kompaktes Echo-Gerät mit einem 2,5 Zoll-Bildschirm. Rund, kompakt und für jeden Raum im Haushalt geeignet: Platziert auf Schreib-, Nacht- oder Beistelltisch zeigt Echo Spot per Sprachbefehl Nachrichten, Wettervorhersagen oder Live-Feeds von Sicherheitskameras, tätigt Videoanrufe und bietet Zugriff auf Tausende Alexa Skills. In anderen Ländern ist das **Gerät bereits ein Verkaufsschlager.**

Wer mehr wissen will, fragt Alexa einfach selbst: „Alexa, *erzähl mir etwas über Echo Show 5!*" oder *„Alexa, was ist Echo Spot?"*

Amazon Echo Show – die verbesserte smarte Bildbox kommt

Aktuell ist **Echo Show der 2. Generation** am Start. Eine Kombination aus dem smarten Lautsprecher Amazon Echo und einem Bildschirm. Die bisherigen Alexa-Funktionen bleiben weiterhin bestehen, es kommt nun noch das Anzeigen von Bildinhalten hinzu. So können Anwender nun auch Video Flash Briefings, Musiktexte, Bildübertragungen von Smart Home-Kameras, Fotos, Wettervorhersagen, To-do- sowie Einkaufslisten und vieles mehr am Bildschirm verfolgen. Freunde und

Familienmitglieder, die ebenfalls **über ein Echo Show oder die Alexa App verfügen**, können über die Freisprecheinrichtung per Videotelefonat angerufen werden. Besitzer eines Amazon Echo, Echo Dot oder Echo Plus können Sprachanrufe tätigen oder Textnachrichten versenden. Deutlich verbesserte Lautsprecher sorgen für einen sehr guten Klang, gepaart mit ordentlichen Bässen.

Rufen Sie einige Infos ab: „Alexa, *was ist das Echo Show?*"

Die nächste Generation: Amazon Echo und Echo Plus

Vor rund einem Jahr gab Amazon den Start für **Amazon Echo und Alexa** in Deutschland bekannt. Nun folgt die nächste Generation der sprachgesteuerten Geräte. Amazon bringt den smarten Lautsprecher (**Amazon Echo**) mit einem neuen Design, einem verbesserten Sound und zu einem deutlich günstigeren Preis auf den Markt. Gleichzeitig erhält die verbesserte Echo-Familie auch eine Reihe von neuen Funktionen. Zusätzlich geht **Echo Plus** mit einem integrierten Smart Home Hub an den Start. Dieses Gerät ermöglicht die schnelle Anbindung an unterschiedliche smarte Endgeräte.

Oder Sie fragen Alexa selbst: „Alexa, *erzähl mir etwas über das neue Amazon Echo*!"

Alexa auf Fire TV und Fire TV Stick

Lange beschränkte sich die Nutzung von Alexa nur auf die beiden **Lautsprechersysteme Echo** und **Echo Dot**. Seit kurzer Zeit können Anwender auch die **Streamingbox Fire TV** mit einer Sprachfernbedienung nutzen, um auf den Sprachassistenten von Amazon zuzugreifen. Dies gilt natürlich auch für den **Fire TV Stick** und den neuen **Fire TV Stick 4K** von Amazon. Hierzu kommt auch gleichzeitig eine deutlich verbesserte Sprachfernbedienung auf den Markt, die die Nutzung von Alexa deutlich erleichtert.

Alexa auf Fire Tablets

Neu ist auch die Nutzung von Alexa auf allen Fire Tablets. Dabei wird Alexa sowohl auf den neuen Tablets (z.B. das neue Flaggschiff der Fire Tablets, dem Fire HD 10) als auch auf den älteren Geräten verfügbar sein. Auch das **Fire HD 8** ist nun in einer verbesserten Version verfügbar. Gleichzeitig stellt Amazon das neue Show-Modus-Ladedock vor. Damit kann das Tablet aufgestellt und geladen werden. Zudem wird das Tablet so in ein mobiles Echo Show verwandelt.

Über ein kostenloses Update des Betriebssystems FireOS hält der Sprachassistent Alexa auch Einzug auf allen anderen Fire Tablets ab der 4. Generation von Amazon. Hält der Anwender zukünftig die digitale Startseite-Taste gedrückt, erscheint am unteren Display-Rand eine blaue Linie. Dann ist Alexa auf dem Fire Tablet aktiv und der Nutzer kann die gängigen Sprachbefehle nutzen.

Zusätzlich lassen sich auch einzelne Apps auf dem Tablet starten.

Bei dem neuen **Fire HD 10** führt Amazon erstmals unter dem Begriff *Alexa Hands-free* die Möglichkeit ein, ohne ein Tastendruck den Sprachassistenten zu aktivieren. Ähnlich wie bei Amazon Echo oder Echo Dot kann Alexa einfach mit einem Aktivierungsbefehl (z.B. mit *Alexa*) aktiviert werden. Auf Wunsch kann die dauernde Bereitschaft auch in den Einstellungen des Gerätes ausgeschaltet werden.

Alexa via Amazon Music App auf Smartphones und Tablets

Natürlich ist Alexa auch in der **Amazon Music App** unter iOS und Android und auf der Alexa-App verfügbar. Somit ist Alexa auch Hardware-übergreifend auf Geräten von anderen Herstellern verfügbar. Somit erweitert Amazon die technische Basis für den Sprachassistenten um ein Vielfaches. Interessant bei der Erweiterung von Alexa ist die Tatsache, dass auf allen Geräten fast der vollständige Funktionsumfang des Sprachassistenten verfügbar ist.

So können über diesen Weg auch Apps gestartet, gewünschte Songs abgespielt oder ein Hörbuch vorgelesen werden. Somit steht der gesamte Funktionsumfang von Alexa nun auch auf mobilen Geräten zur Verfügung. Bei Smart Home Anwendungen beschränkt sich dies natürlich nur auf die Reichweite des eigenen Heimnetzwerkes.

Amazon Alexa jetzt auch unter Windows 10 verfügbar

Ab sofort ist der Sprachassistent Alexa aus dem Hause Amazon auch unter **Windows 10** verfügbar. Dazu steht die Alexa for PC-App im Windows-Store kostenlos zum Downloaden bereit. Damit erhält der Nutzer Zugriff auf die vielen Funktionen und Fähigkeiten von Alexa, ohne dabei eine zusätzliche Hardware (z.B. Echo Lautsprecher) einzusetzen.

Die Alexa App / die Alexa-Webseite

Die zentrale Anlaufstelle für Alexa ist die gleichnamige App, die es kostenlos für alle gängigen Plattformen gibt. Gleichzeitig kann die identische Funktionalität auch online über die Adresse **http://alexa.amazon.de** abgerufen werden. In beiden Fällen müssen Sie sich mit Ihren persönlichen Amazon-Daten einloggen. Die App und die Webseite gliedern sich in folgende Menüpunkte:

- **Startseite**: Auf der Startseite gibt es aktuelle Informationen zum System und der Nutzer erhält eine Übersicht der bisherigen Aufrufe des Alexa-Systems.

- **Aktuelle Wiedergabe**: Hier erhalten Sie einen aktuellen Überblick, was gerade über Ihr Alexa-System läuft. Hier können Sie auch gezielt einzelne Titel ansteuern und die momentane Wiedergabe steuern.

- **Musik, Video und Bücher**: An dieser Stelle werden alle verfügbaren Dienste unter Alexa für Musik und Bücher gelistet. Kurzfristig wird auch das Video-Angebot aufgelistet.

- **Listen**: Unter diesem Punkt finden Sie Ihre Einkaufs- und Aufgabenlisten.

- **Erinnerungen und Wecker:** Hier finden Sie Ihre eigenen Timer und Wecker. Zudem lassen sich dazugehörige Einstellungen vornehmen.

- **Skills:** Sie finden eine Übersicht der verfügbaren Skills. Aktuell sind rund 500 Skills über Alexa abrufbar.

- **Smart Home:** Dieser Menüpunkt ist der Anbindung an spezielle Smart Home-Geräte vorbehalten. Hier lassen sich weitere Funktionen zu eigenen Gruppen zusammenstellen.

- **Zum Ausprobieren:** An dieser Stelle finden Sie Anregungen und Neuerungen rund um Alexa. Die Seite wird regelmäßig gepflegt.

- **Einstellungen:** Alle Parameter für Echo und Alexa, die der Anwender selbst beeinflussen kann, sind hier zu finden.

- **Hilfe und Feedback:** Hier bietet Amazon eine erste Unterstützung für seine Systeme.

So können Sie Alexa auf Echo Show aktivieren

Als Sprachsystem wird Alexa natürlich auch mit einem Sprach-Kommando gestartet. Standardmäßig wird Echo Show mit dem Sprachbefehl „Alexa" gestartet. Die Aktivierung über einen Button besteht bei Echo Show leider nicht.

Grundsätzlich kann für jedes Gerät, dass Alexa unterstützt, ein eigenes Aktivierungswort vergeben werden. Allerdings stehen nur vier Alternativen zur Verfügung: *„Alexa"* (Standardeinstellung), *„Echo"*, *„Amazon"* und „Computer". Eine Änderung ist dann sinnvoll, wenn Sie beispielsweise einen Namen verwenden, der ähnlich klingt.

Auch wenn Sie mehrere Echo-Geräte in Ihrem Haushalt verwenden, ist es durchaus sinnvoll, die verschiedenen Geräte mit unterschiedlichen Aktivierungsnamen zu verwenden. So lässt gezielt ein einzelnes Gerät ansprechend. Ansonsten wird immer das in ihrer Nähe befindliche Gerät gestartet.

Änderung der Aktivierung

Auch hiergeschieht die Einstellung wieder über die Alexa-Webseite oder die Alexa-App:

- Unter *Einstellungen* werden alle aktuell bei Ihnen verfügbaren Geräte aufgelistet.

- Wählen Sie nun das gewünschte Gerät aus, bei dem Sie die Aktivierung verändern möchten.

- Begeben Sie sich zu dem Punkt *Aktivierung Alexa*.

- An dieser Stelle wählen Sie nun das gewünschte Aktivierungs-Wort aus und bestätigen Sie abschließend die Eingabe. Dabei können im Einzelfall einige Minuten vergehen, bis der neue Begriff aktiv ist.

- Alternativ lässt sich das Aktivierungswort auch direkt über Echo Show anpassen (unter *Einstellungen / Geräteoptionen / Aktivierungswort*)

Spezielle Sprachkommandos für Echo Show

Für den Echo Show gibt es einige Sprachbefehle, die nur auf diesem Gerät funktionieren. Diese betreffende in erster Linie das Display, die Kamera und die spezielle Form der Einstellungen. Diese Kommandos lassen sich auch unter Echo Show verwenden.

- „Alexa, Bildschirm aus."

- „Alexa, Bildschirm ausschalten."

- „Alexa, Bildschirm ein."

- „Alexa, Bildschirm einschalten."

- „Alexa, Kamera aus."

- „Alexa, Kamera ausschalten."

- „Alexa, Kamera ein."

- „Alexa, Kamera einschalten."

- „Alexa, gehe zu Einstellungen."

- „Alexa, verwende dieses Foto als meinen Hintergrund."

- „Alexa, was ist los?" – *Hinweis*: *Hiermit werden Temperatur, Uhrzeit und Ort auf den Startbildschirm gebracht.*

- „Alexa, spiele [Name eines Films] ab." – *Hinweis: Existieren mehrere Filme mit dem gleichen Namen, so wird eine Liste angezeigt.*

- „Alexa, spiele [Name der Serie] ab." – *Hinweis: Existieren mehrere Serien mit einem ähnlichen Namen, so wird eine Liste angezeigt.*

Hinweis: Die Mikrofone lassen sich per Sprachbefehl nicht ausschalten!

Aufgaben erledigen mit Echo Show

Der neue Echo Show ist bestens dazu geeignet, unter
schiedliche Aufgaben im heimischen Umfeld zu erledigen.
Idealerweise platzieren Sie dazu das Gerät auf dem
Nachtisch (*als intelligenten Radiowecker*), in der Küche
(*als smarten Küchenhelfer*), im Kinderzimmer (*als smartes
Babyfon*) oder am Arbeitsplatz.

- Intelligenter Radiowecker 4.0

- Selfis und Fotos erstellen

- Musikwiedergabe über Echo Show

- Amazon Alexa: Drop In - Ruf mich an

- Einkaufen mit Alexa

- Audible Hörbücher mit Alexa auf Echo Show
  abspielen

- Besser organisieren mit Alexa

- Mit dem Kalender unter Google, Microsoft und
  Apple verknüpfen

- Erweiterungen durch Skills

Zubehör für den Echo Show 5

Immer wenn ein neues Gerät auf den Markt kommt und dieses entsprechend erfolgreich ist, dann gibt es in kürzester Zeit auch das passende Zubehör. Dies gilt natürlich auch für den neuen Echo Show 5. Wir haben uns etwas auf dem Markt umgesehen und einige sinnvolle und einige unsinnige Ergänzungen für das neue Echo-Gerät entdeckt.

Verstellbarer Ständer für Echo Show 5

An erster Stelle steht natürlich der verstellbare Ständer für den Echo Show 5, der direkt auch von Amazon angeboten und ausgeliefert wird. Es gibt ihnen natürlich auch in den Farben Schwarz und Weiß und bietet die komfortable Verstellung des Gerätes. Damit lässt sich der neue Echo Show nach vorne oder hinten neigen. So lässt sich der Betrachtungswinkel optimal einstellen. Eine Drehung des Gerätes ist damit leider nicht möglich.

Der Ständer ist aus hochwertigem Kunststoff gefertigt und bietet einen wertigen Eindruck. Das Gerät steht durch den Ständer auf einer Höhe von knapp 3 Zentimetern. Über eine Magnetbefestigung sitzt der Echo Show 5 fest und sicher. Bei einem ersten Test scheint der Ständer auch dem Klang gutzutun, da dieser dann nicht mehr direkt auf die Tischplatte abgestrahlt wird. Natürlich lässt sich Amazon dieses kleine Hilfsmittel mit knapp 20 Euro gut bezahlen. Dennoch ist der Ständer eine sinnvolle Ergänzung zum Echo Show 5.

Die passende Schutzfolie

Jedes Gerät, das über einen Touchscreen verfügt, ist einer entsprechenden Belastung ausgelastet. Hier muss jeder Nutzer selbst entscheiden, ob er den 5,5-Zoll-Touchscreen des Echo Show 5 mit einer Schutzfolie oder sogar mit einer Panzerglasfolie ausstatten möchte. Entsprechende Angebote gibt es bereits in großer Anzahl. Dabei bietet eine Folie natürlich keinen Schutz, wenn das Gerät herunterfällt. Vielmehr lässt sich das Display vor möglichen Stößen oder Verschmutzungen schützen. Für eine passende Folie muss der Käufer in der Regel 6 bis 10 Euro bezahlen.

Echo Wall Clock als Ergänzung

Eine weitere Ergänzung zum Echo Show 5 stellt die Echo Wall Clock von Amazon dar, die Anfang August ausgeliefert wird. Mit ihr lassen sich mehrere Timer, die Sie über ein kompatibles Echo-Gerät erstellt wurden, gut sichtbar darstellen. Darüber hinaus gibt es natürlich auch ein passendes Netzteil für den aktuellen Echo Show.

Eher unsinniges Zubehör für den Echo Show 5

Zudem gibt es eine Reihe von Wandhaltern und Ständern von anderen Anbietern. Auch hier muss der Anwender selbst entscheiden, ob das jeweilige Zubehör eine nützliche Ergänzung darstellt. Hier sollte man unbedingt auf die Bewertungen von anderen Käufern schauen.

Eine eher unsinnige Ergänzung stellen spezielle Eingabestifte dar, um auf dem kleinen 5-Zoll-Touchscreen seine Eingaben zu tätigen. In der Regel nimmt auch niemand seine Eingaben per Stift auf seinem Smartphone vor.

Intelligenter Radiowecker 4.0

Mit dem neuen Echo Show 5 kommt ein perfektes smartes Gerät auf den Markt, dass mehr als nur ein intelligenter Wecker ist. Durch die integrierte Alexa-Anbindung lassen sich unzählige Funktionen in einem Gerät kombinieren. Zudem existieren verschiedene Möglichkeiten, um den eigenen Schlaf und die Einschlaf- und Weckphase deutlich zu optimieren.

Schon von seinem Erscheinungsbild scheint der Echo Show der ideale smarte Radiowecker zu sein, der jeden herkömmlichen Wecker um Längen schlägt. Dazu bietet das Gerät alle notwendigen Funktionen, um diese Aufgabe zu lösen:

Anzeige einer Uhr

Standardmäßig wird eine Uhr auf dem Display eingeblendet. Es existieren dazu diverse Optionen für die Anzeigen. Sie haben aktuell die Wahl zwischen:

Einem analogen Ziffernblatt (10 unterschiedliche Ziffernblätter: *Orange, Onyx, Holz, Eule, Blaugrün, Fuchsia, Kupfer, Blues, Schallplatte, Strukturiert*).

Oder einem digitalen Ziffernblatt (7 unterschiedliche Ziffernblätter: *Straßenlampe, Bokeh, Hoher Kontrast, Canyon, Dünengras, Flamingo, Pfau*)

Oder eigene Fotos (4 unterschiedliche Designs)

Hinweis: Bei den eigenen Fotos können Sie wahlweise ein Bild über die Alexa App hochladen (dies funktioniert nur über die App auf einem Smartphone) oder ein Motiv über Prime Photos auswählen.

Die betreffende Einstellung nehmen Sie über *Einstellungen / Startseite und Uhr / Design* vor. Durch die verschiedenen Designs können Sie einfach durch einen Wisch auf dem Display (von rechts nach links) navigieren.

Nachtmodus

Selbstverständlich benötigt ein guter, digitaler Wecker auch die Funktion, dass die Anzeige in der Nacht auf ein Minimum reduziert wird. Nur so ist ein störungsfreier Schlaf möglich. Wer wurde nicht schon durch ein grelles Leuchten eines Displays in der nächtlichen Ruhe gestört. Auch hier hilft Echo Show weiter.

Unter der Bezeichnung *Nachtmodus* kann die Helligkeit des Displays deutlich reduziert bzw. angepasst werden. Diese Funktion aktivieren Sie unter *Nächtliche Uhr*. In diesem Fall wird die Anzeige der Uhr in der Nacht gedimmt. Sie können über die Funktion *Zeitplan* selbst die Zeit bestimmen, in welchem Zeitfenster Echo Show die Anzeige anpasst.

Hinweis: Auch wenn es etwas verwirrend ist. Der *Nachtmodus* darf nicht mit *dem Bitte-nicht-stören-Modus* verwechselt werden. Dieser muss separat geschaltet werden. Der *Nachtmodus* ist ausschließlich für das Display zuständig.

Die notwendigen Parameter finden Sie unter
Einstellungen / Startseite und Uhr / Nachtmodus.

Adaptive Helligkeit

Sie können die Helligkeit des Displays auch an die
individuellen Lichtverhältnisse der Umgebung anpassen.
Hierbei nutzt Echo Show den Helligkeitssensor im
Gehäuse. Bei einer hohen Helligkeit im Raum,
beispielsweise bei starker Sonneneinstrahlung, wird die
Leuchtkraft des Displays erhöht. Bei Dunkelheit wird die
Helligkeit entsprechend reduziert. Diese Funktionalität
ermöglicht ein besseres Ablesen des Bildschirmes
abhängig von dem vorherrschenden Licht.

Die notwendigen Parameter finden Sie unter
Einstellungen / Bildschirm / Adaptive Helligkeit. Die
Helligkeit des Displays lässt sich über einen Sprachbefehl
nicht verändern.

Sonnenaufgangs-Effekt

Diese neue Funktion sorgt dafür, dass 15 Minuten bevor
der Wecker aktiv wird (zwischen 4 und 9 Uhr), wird das
Licht allmählich heller. Ähnlich wie bei einem
Sonnenaufgang.

Die notwendigen Parameter finden Sie unter
Einstellungen / Bildschirm / Sonnenaufgangs-Effekt.
Dieser Effekt des Displays lässt sich über einen
Sprachbefehl nicht verändern.

Tap To Snooze: Schlummermodus per Berührung

Wer kennt nicht diese Situation. Plötzlich beendet der Wecker die erholsame Nachtruhe durch ein jähes Klingeln. Wutentbrannt schlägt man auf den Wecker, um den Schlummermodus zu aktivieren. Nur noch ein paar Minuten! Ähnlich wie bei einem klassischen Wecker bietet auch der neue Echo Show 5 von Amazon eine vergleichbare **Schlummerfunktion**, die durch eine leichte Berührung aktiviert wird.

Vorbei sind allerdings die Zeiten, dass ein traditioneller Wecker mit einem furchtbaren Klingelton den wohlverdienten Schlaf beendet. Heute weckt ein smarter Wecker mit der eigenen Lieblingsmusik, der nur langsam lauter wird. Wen dies immer noch stört, der drückt bekanntlich die Schlummertaste.

Durch einen speziellen Sensor am oberen Rand des Gerätes genügt eine leichte Berührung und Alexa spendiert traditionell nochmals **9 Minuten**. Dabei genügt schon ein leichtes Auflegen der Hand. Wer besonders müde ist, kann diesen Vorgang auch mehrmals wiederholen. Soll der **Schlummermodus** vorzeitig beendet werden, muss dies mit einem Sprachbefehl erfolgen.

Abschalten der Kamera

Natürlich möchte niemand dauerhaft die Kamera im eigenen Schlafzimmer im Einsatz haben. Entsprechend lässt sich diese dauerhaft abschalten. Dies können Sie manuell über das Einstellungsmenü bewerkstelligen (über *Einstellungen / Geräteoptionen / Kamera aktivieren*). Alternativ können Sie dies auch mit Hilfe eines Sprachbefehls tun:

- „Alexa, Kamera aus."

- „Alexa, Kamera ausschalten."

- „Alexa, Kamera ein."

- „Alexa, Kamera einschalten."

Hinweis: Wer sich wirklich sicher sein will, dass die integrierte Kamera nicht in Betrieb ist, kann diese natürlich auch abkleben. Die bessere Wahl ist allerdings die integrierte Kameraabdeckung, die bei Bedarf über die Linse geschoben werden kann. Diese Abdeckung gibt es allerdings nur bei dem neuen Echo Show 5.

Bitte nicht stören

Natürlich möchte man bei verdienter Nachtruhe verhindern, dass es Störungen durch Anrufe seitens des Echo Shows gibt. Hier muss zusätzlich der „Bitte nicht stören"-Modus (Symbol: durchgestrichener Halbmond) aktiviert werden. Nicht zu verwechseln mit dem *Nachtmodus* des Displays.

Dieser wichtige Modus kann manuell über die *Einstellungen* vorgenommen werden (*mittleres Symbol im Startmenü*) werden. Alternativ kann dieser Modus auch per Sprachbefehl erfolgen:

- „Alexa, bitte nicht stören."

Die passenden Sprachbefehle als intelligenter Wecker

Natürlich benötigt man für einen intelligenten Wecker auch die passenden Sprachbefehle. Auch hier hat Alexa Einiges zu bieten. Besonders interessant sind dabei die zusammengesetzten Kommandos, die die Uhrzeit mit einem bestimmten Song oder Interpreten kombinieren. Dies war bisher mit anderen Geräten kaum möglich.

Hier sind die passenden Sprachbefehle:

- „Alexa, wecke mich."

- „Alexa, wecke mich um [Uhrzeit]."

- „Alexa, wecke mich [Zeitangabe] um [Uhrzeit]." *Beispiel für Zeitangabe: morgen früh, heute Abend, bestimmtes Datum, wochentags, am Wochenende*

- „Alexa, wecke mich um [Uhrzeit] mit Musik."

- „Alexa, wecke mich um [Uhrzeit] mit [Name einer Playlist]."

- „Alexa, wecke mich um [Uhrzeit] mit [Name einer Playlist] von [Streamingdienst]." – *Beispiel*: *Spotify*

- „Alexa, wecke mich um [Uhrzeit] mit [Name eines Radiosenders]." – *Hinweis: Verwendet TuneIn*

- „Alexa, wecke mich [Zeitangabe] um [Uhrzeit] mit [Name eines Radiosenders]." – *Hinweis: Verwendet TuneIn*

- „Alexa, wecke mich um [Uhrzeit] mit [Interpret]." *Beispiel*: *Coldplay, David Guetta, U2*

- „Alexa, wecke mich [Zeitangabe] um [Uhrzeit] mit Musik von [Interpret]."

- „Alexa, wecke mich morgen früh um 8 Uhr mit Coldplay."

- „Alexa, wecke mich [Zeitangabe] um [Uhrzeit] mit Musik von [Interpret] von [Streamingdienst]." - *Beispiel*: *Spotify*

- „Alexa, wecke mich in [Anzahl der Minuten] nochmals."

- „Alexa, stelle einen Wecker."

- „Alexa, stelle einen Wecker [Zeitangabe] um [Uhrzeit]." *Beispiel für Zeitangabe: morgen früh, heute Abend, bestimmtes Datum, wochentags, am Wochenende*

- „Alexa, stelle einen Wecker [Zeitangabe] um [Uhrzeit] mit Musik." – *Hinweis: Verwendet Amazon Music*

- „Alexa, stelle einen Wecker [Zeitangabe] um [Uhrzeit] mit Musik von [Interpret]."

- „Alexa, stelle einen Wecker [Zeitangabe] um [Uhrzeit] mit [Playlist] von [Streamingdienst]."
  - *Beispiel*: *Spotify*

- „Alexa, lösche Wecker."

- „Alexa, lösche Wecker [Uhrzeit]."

- „Alexa, lösche Wecker [Zeitangabe] um [Uhrzeit]."

- „Alexa, lösche alle Wecker."

- „Alexa, zeige meine Wecker."

- „Alexa, schlummern."

- „Alexa, schlummern für [Anzahl der Minuten]."

Hinweis: Wird ein Wecker ausgelöst, so erscheint auf dem Display ein Hinweis mit Uhrzeit und dem aktuellen Wetter. Darunter sehen Sie die Anzeige „*Verwerfen*". Ein Klick darauf und die Schlummerschaltung wird für 10 Minuten aktiviert.

Hinweis: Darüber hinaus gibt es noch weitere Skills, die die Funktion als Radiowecker erweitern werden.

Selfis und Fotos erstellen

Eine eher unbekannte Funktion mit den Geräten Echo Show und Echo Show ist das Erstellen von Fotos per Sprachkommando. Dazu wird die verbaute Frontkamera direkt angesprochen, die dann ein Foto von der unmittelbaren Umgebung erstellt. Das Ergebnis fällt allerdings unterschiedlich aus, da der Echo Show nur mit einer VGA-Auflösung (640 x 480 Pixel) daherkommt. Die Frontkamera des Echo Shows bringt dafür 5 MPixels. Mit beiden Geräten lassen sich schnelle Selfis oder Bilder vom jeweiligen Raum schießen. Die so erstellten Fotos werden automatische in der Cloud-Anwendung *Prime Photos* von Amazon abgelegt.

Die dafür zuständigen Sprachbefehle lauten:

- „Alexa, fotografiere."

- „Alexa, mache ein Foto."

Anschließend wird der interne Skill *„Fotokabine"* aufgerufen. Alexa fordert dazu auf, eine der vier Einstellungen zu wählen: *„1. Einzelaufnahme"*, *„2. Stickermodus"*, *„3. Vier-in-eins-Aufnahme"* (nur bei Echo Show) und *„4. Fotokabinenalbum"*.

Da die Anzeige der vier Optionen nicht vollständig auf dem Display angezeigt werden, müssen Sie die Anzeige per Touchscreen bewegen oder Sie nutzen die dafür vorgesehenen Sprachbefehle:

- „Alexa, scrolle nach rechts."

- „Alexa, scrolle nach links."

- „Alexa, zeig mehr."

Sofern Sie sich für eine Option entscheiden, wählen Sie die gewünschte Option aus. Auch hier können Sie wahlweise den betreffenden Menüpunkt per Touchscreen auswählen oder das jeweilige Kommando nutzen, z.B.:

- „Alexa, wähle Einzelaufnahme."

- „Alexa, wähle Stickermodus."

- „Alexa, wähle Vier-in-eins-Aufnahme."

- „Alexa, wähle Fotokabinenalbum."

Hinweis: Das Foto wird einer Sprachnachricht bestätigt: „Hochladen in Prime Foto". Leider kann der Anwender nicht direkt zu den einzelnen Menüpunkten springen. Es muss immer der Skill *„Fotokabine"* gestartet werden.

1. Einzelaufnahme

Haben Sie sich für diesen Modus entschieden, so wird ein Countdown gestartet: „3-2-1" und dann wird das Foto geschossen. Das erzeugte Fotos wird anschließend angezeigt und automatisch in der Cloud abgespeichert.

2. Stickermodus

Hier hat der Nutzer die Auswahl zwischen diversen Stickern, die in das jeweilige Selfi integriert werden können. Auch hier gibt es wieder einen Zähler, der von 6 auf 1 heruntergezählt. Sie haben somit etwas mehr Zeit. Solange Sie per Touchscreen oder Sprachbefehl durch die Sticker blättern, hält allerdings der Zähler an. Der jeweilige Sticker kann per Hand frei auf dem jeweiligen Motiv platziert werden.

3. Vier-in-eins-Aufnahme

Bei dieser Einstellung werden in kurzer Folge vier Fotos erzeugt. Auch hier gibt es wieder einen Zähler. Nachdem die vier Fotos gemacht wurden, werden diese kachelartig zu einem einzigen Foto zusammengeführt. Diese Funktion ist ausschließlich auf dem Echo Show verfügbar.

4. Fotokabinenalbum

Im letzten Modus Fotokabinenalbum können Sie einen Blick auf die gemachten Fotos werfen. Dabei können Sie per Touchscreen oder per Sprachbefehl durch die Fotos blättern. Erfolgt keine Eingabe, werden die einzelnen Fotos nacheinander eingeblendet. Klicken Sie auf ein bestimmtes Foto, werden zusätzliche Befehle eingeblendet, um eine automatische Bildabfolge zu starten bzw. zu steuern.

Zugriff auf Prime Photos

Der einfachste Zugriff auf Ihre Fotos erhalten Sie direkt über das Internet (**http://www.amazon.de/photos**). Dazu müssen Sie sich nur mit ihren Zugangsdaten (Amazon) einloggen. Anschließend haben Sie einen direkten Überblick über die eigenen Fotos. An dieser Stelle finden Sie auch die auf Echo Show bzw. Echo Show erzeugten Fotos. Alternativ können Sie auf Prime Photos auch per App auf dem eigenen Smartphone oder über Fire TV (*Streamingbox*) zugreifen.

Unter *Prime Photos* können Sie anschließend bearbeiten, löschen, freigeben oder in ein bestimmtes Album verschieben.

Hinweis: Als Prime Kunde seht Ihnen für Fotos (*Prime Photos*) ein unbegrenzter Speicherplatz unter Amazons Cloud Drive zur Verfügung.

Musikwiedergabe über Echo Show

Natürlich ist der Echo Show auch für die Musikwiedergabe bestens gerüstet. Wer sich den Alltag mit etwas Musik im Hintergrund verschönern will, für den reicht die Wiedergabequalität des smarten Lautsprechers aus. Legen Sie hingegen Wert auf einen „satteren" Sound, verknüpfen Sie einfach den Echo Show mit einem leistungsstarken Lautsprecher oder einer Soundanlage via Klinkenstecker oder Bluetooth. Wer dann über Alexa auf *Amazon Music*, *Amazon Music Unlimited* oder einen vergleichbaren Dienst (z.B. *Spotify*) zu greifen kann, hat die Qual der Wahl.

Im Idealfall haben Sie so Zugriff auf über 40 Millionen Songs, die Sie nun per Sprachkommando auswählen können. Das umständliche Suchen nach einzelnen Songs hat endgültig ein Ende. Mittels Echo Show kann der Anwender per Sprachbefehl sehr schnell auf seine Lieblingsmusik zugreifen. Alexa kann nun nach unterschiedlichen Kriterien, beispielsweise Stimmung, Tempo, Ära, Popularität, Chronologie sowie nach Neuveröffentlichungen, die passenden Songs heraussuchen und abspielen.

Sprachbefehle, die beim Genuss von Musik weiterhelfen

Sie möchten die neueste Single von einem bestimmten Interpreten hören, aber wissen den Namen des Songs nicht oder haben ihn vergessen? Dieses Kommando hilft weiter:

- „Alexa, spiele die neue Single von [Interpreten]."

Sie möchten die beliebtesten Songs Ihres Lieblingskünstlers hören? Dieses Kommando hilft weiter:

- „Alexa, spiele die beliebtesten Songs von [Interpreten]."

Sie suchen Musik, die Sie in Partylaune für den bevorstehenden Clubbesuch bringt oder die Kinder vor dem Einschlafen schon einmal beruhigen? Diese Kommandos helfen weiter:

- „Alexa, spiele Musik, die gute Laune macht."

- „Alexa, spiele ruhige Kindermusik".

Sie wollen sich entspannen und dabei die passende Jazz-Musik genießen? Dieses Kommando hilft weiter:

- „Alexa, spiele langsame Jazzmusik".

Sie suchen gezielt nach Musik aus einem speziellen Jahr? Dieses Kommando hilft weiter:

- „Alexa, spiele die Hits aus dem [Jahr]".

Sie möchten ein bestimmtes Genre oder einen Künstler aus einer bestimmten Ära anhören? Diese Kommandos helfen weiter:

- „Alexa, spiele [Interpret] aus den 90ern".

- „Alexa, spiele Rock aus den 80zigern".

Sie wollen gerne Musik von einem bestimmten Künstler hören? Dieses Kommando hilft weiter:

- „Alexa, spiele [Interpret]".

Nun möchten Sie das aktuelle Album Ihres Lieblingskünstlers genießen? Dieses Kommando hilft weiter:

- „Alexa, spiele [Name des Albums] von [Interpret]".

Sie bevorzugen Musik eines bestimmten Genres, unabhängig ob es sich dabei um Rock, Pop oder Kindermusik handelt. Alexa spielt dann eine entsprechende Playlist an. Dieses Kommando hilft weiter:

- „Alexa, spiele [Musik-Genre]".

Alexa spielt gerade ein Song, den Sie nicht kennen. Auch hier kann Alexa weiterhelfen. Der Sprachassistent den Interpreten, das Album und den Titel des Liedes. Dieses Kommando hilft weiter:

- „Alexa, wie heißt dieser Song?"

Sie kennen nur eine Textzeile aus einem betreffenden Song. Alexa wird den passenden Song finden.

- „Alexa, spiele das Lied mit der [Textzeile]".

Sie haben keinen bestimmten Musikwunsch? Dann wählt Alexa anhand Ihres bisherigen Musikgeschmacks eine mögliche Playlist aus. Dieses Kommando hilft weiter:

- „Alexa, spiele Musik".

Das Display hilft bei der Musikwiedergabe

Eine Besonderheit bei Echo Show ist zweifelsohne das Display, das eine nützliche Unterstützung bei der Wiedergabe der Musik bietet. So werden parallel beim Abspielen des jeweiligen Songs auch der Name des Interpreten, das Plattencover und auf Wunsch auch der Songtext eingeblendet. Zudem kann durch einen Klick auf das Display die Lautstärke oder innerhalb des laufenden Liedes navigiert werden.

Hinweis: Wer den eingeblendeten Songtext eher als störend empfindet, kann einfach auf das Display klicken und die Option Songtexte berühren. Daraufhin stellt das Gerät das Einblenden des Textes ein.

Navigation bei laufender Musik

Das Display des Echo Shows hilft auch bei laufender Musik weiter. Ein Klick genügt und es werden mehrere Symbole eingeblendet. Die Musik läuft weiter. Im oberen Bereich des Displays finden Sie die Option *Songtexte*. Hier können Sie die gleichnamige Funktion wieder einschalten. Über die darunterliegenden Symbole springen Sie zum vorigen Song bzw. nächsten Song. Das mittlere Symbol stellt die Pausenfunktion dar. Bei einem Klick stoppt die Musik sofort. Bei einem erneuten Klick läuft das Lied an der gleichen Stelle weiter. Die darunterliegenden Symbole sorgen für Endlos-Wiedergabe des laufenden Songs (*linkes Symbol*) oder eine zufällige Wiedergabe von Songs (*rechtes Symbol*).

Hinweis: Die Lautstärke der Musikwiedergabe kann nicht direkt über das Display verändert werden. Erst wenn Sie einen der beiden Schalter für die Lautstärke auf dem Gehäuse betätigen, wird eine Leiste für die Lautstärke auf dem Bildschirm eingeblendet. Anschließend können Sie die betätigen. Allerdings wird die Leiste nur kurz eingeblendet. Alternativ können Sie die Lautstärke der Musik auch mittels Sprachbefehl verändern. Auch in diesem Fall wird die Lautstärkeleiste auf dem Display eingeblendet.

Die wichtigsten Sprachbefehle bei der Musikwiedergabe

Die folgenden Grundsprachbefehle sind bei Alexa und dem Echo Show immer einsetzbar.

Hier sind die wichtigsten Sprachbefehle:

- „Alexa, Stop."
- „Alexa, Lautstärke auf 5." (0-10)
- „Alexa, Lautstärke 11." – *Kleiner Spaß*!
- „Alexa, Ton aus."
- „Alexa, Ton an."
- „Alexa, wiederholen."
- „Alexa, abbrechen."
- „Alexa, (mach) lauter."
- „Alexa, (mach) leiser."
- „Alexa, aus."
- „Alexa, Hilfe."
- „Alexa, rate." – *Hinweis: Alexa errät den nächsten Befehl!*

Perfekt bei der Musikwiedergabe

Die Kombination aus Echo Show und Alexa stellt eine ideale Kombination dar, wenn es darum geht Musik wiederzugeben.

Hier sind die wichtigsten Sprachbefehle:

- „Alexa, spiele Musik" – *Über die Primärquelle, die unter der Alexa-App definiert wurde*

- „Alexa, „Pause." – *bei laufender Musikwiedergabe*

- „Alexa, stopp." – *bei laufender Musikwiedergabe*

- „Alexa, weiter." – *bei angehaltener Musikwiedergabe*

- „Alexa, fortsetzen." – *bei angehaltener Musikwiedergabe*

- „Alexa, zurück." - *bei laufender Musikwiedergabe*

- „Alexa, Neustart." - *bei laufender Musikwiedergabe*

- „Alexa, Wiedergabe." – *bei angehaltener Musikwiedergabe*

- „Alexa, was läuft gerade?" - *bei laufender Musikwiedergabe*

- „Alexa, nächstes Lied" - *bei laufender Musikwiedergabe*

- „Alexa, nächster Song" - *bei laufender Musikwiedergabe*

- „Alexa, mach lauter."

- „Alexa, lauter."

- „Alexa, mach leiser."

- „Alexa, leiser."

- „Alexa, Lautstärke auf [Zahl 1-10]." – Hinweis: *1 ist leise, 10 ist die lauteste Wiedergabe!*

- „Alexa, Ton aus."

- „Alexa, stoppe die Musik."

- „Alexa, Endloswiedergabe."

- „Alexa, spiele den Song mit dem [Text]."

- „Alexa, stelle einen Sleeptimer in [Zahl] Minuten. *- bei laufender Musikwiedergabe*

- „Alexa, stoppe die Musikwiedergabe in [Zahl] Minuten." *- bei laufender Musikwiedergabe*

- „Alexa, spiele den Song, den ich gerade gekauft habe."

- „Alexa, spiele den Song, den ich zuletzt gehört habe."

Alexa, Echo Show und Prime Music

Hier finden Sie einige Sprachbefehle, die aktuell nur unter Prime Music funktionieren.

- „Alexa, Musik mit Prime Music wiedergeben.

- „Alexa, spiele Prime Music."

- „Alexa, spiele etwas Prime Music zur Entspannung."

- „Alexa, spiele Prime Music zum Tanzen."

- „Alexa, spiele Musik von [Interpret] ab."

- „Alexa, spiele die Playlist."

- „Alexa, füge diesen [Song] hinzu."

- „Alexa, spiele aus Prime Music."

- „Alexa, spiele von [Interpret] ab."

- „Alexa, spiele [Genre] von Prime Music."

- „Alexa, Spiele den [Sender] auf Prime."

- „Alexa, spiele Hörproben von [Interpret] ab."

- „Alexa, gibt beliebte Songs von [Interpret] wieder."

- „Alexa, was höre ich gerade?"

- „Alexa, suche Musik von [Interpret]."

- „Alexa, spiele Playlist [...] von [Quelle]."

- „Alexa, spiele die Playlist Beats zur Motivation von Amazon Music."

- „Alexa, spiele [Interpret] auf [Quelle]."

- „Alexa, spiele [Titel] von [Interpret] auf [Quelle]."

- „Alexa, spiele [Musikrichtung] aus dem [Jahr]." – Beispiel: *Pop-Musik, 1976*

- „Alexa, spiele Songs aus dem [Jahr]."

- „Alexa, spiele die beliebtesten Songs von [Jahr] bis [Jahr]."

- „Alexa, spiele [Interpret] von [Jahr] bis [Jahr]."

- „Alexa, Zufallswiedergabe von [Interpret]."

- „Alexa, ich mag diesen Song." – Hinweis: *Funktioniert ausschließlich unter Prime Music*

- „Alexa, ich mag diesen Song nicht." – Hinweis: *Funktioniert ausschließlich unter Prime Music*

Zudem verfügt Alexa auch über Musikwissen, dass Sie zusätzlich abrufen können.

Hier sind die wichtigsten Sprachbefehle:

- „Alexa, wer ist der Sänger von der [Band]? – Beispiel: *Rammstein*

- „Alexa, was war das erste Album von [Interpret]? – Beispiel: *Deep Purple*

Der Nutzer kann auch gezielt nach bestimmten Songs und Interpreten per Sprachbefehl suchen.

Hier sind die wichtigsten Sprachbefehle:

- „Alexa, was gibt es für beliebte Songs von [Interpret]?"

- „Alexa, Hörproben von [Interpret]."

- „Alexa, spiele Hörproben von [Interpret] ab."

- „Alexa, suche [Titel] von [Interpret]."

- „Alexa, suche den Song mit dem [Text]."

- „Alexa, spiele die beliebtesten Songs der Woche."

Darüber hinaus kann jeder Anwender auch *Amazon Music Unlimited* per Sprachbefehl aktivieren. Sofern noch kein Abonnement vorliegt oder die 30tägige Probemitgliedschaft noch nicht genutzt wurde, wird zunächst automatisch die Probemitgliedschaft eingerichtet.

- „Alexa, starte Amazon Music Unlimited."

Natürlich können auch andere Anbieter, die mit Amazon verknüpft sind, per Sprachbefehl abgerufen werden.

Hier sind die wichtigsten Sprachbefehle:

- „Alexa, spiele [Sender]."

- „Alexa, spiele [Sender] auf TuneIn."

- „Alexa, spiele [Podcast]."

- „Alexa, spiele [Podcast] auf TuneIn."

- „Alexa, spiele [Musikrichtung] von Spotify."

- „Alexa, spiele [Name der Playlist] von Spotify."

- „Alexa, spiele den [Songname] von Spotify."

- „Alexa, spiele Songs von [Interpret] von Spotify."

Das Musikangebot von Amazon lässt sich zudem in eine Vielzahl von Musiksparten unterteilen. So lassen sich verschiedene Stimmungen und Anlässe mit der Wiedergabe von einzelnen Musiktitel verknüpfen.

Hier sind die wichtigsten Sprachbefehle:

Weihnachtliches (entsprechende Musikthemen sind zeitlich begrenzt)

- „Alexa, spiele Musik zum Plätzchenbacken."

- „Alexa, spiele rockige Weihnachtslieder."

- „Alexa, spiele Musik zum Glühweintrinken."

- „Alexa, spiele Musik zu Nikolaus."

Andere Anlässe (entsprechende Musikthemen sind zeitlich begrenzt)

- „Alexa, spiele Musik zu Halloween."

- „Alexa, spiele Musik zu Halloween."

- „Alexa, spiele Musik für den Kindergeburtstag."

- „Alexa, spiele Musik zum Geburtstag."

- „Alexa, spiele Musik zur Hochzeit."

- „Alexa, spiele Musik zu Muttertag."

- „Alexa, spiele Musik zu Vatertag."

- „Alexa, spiele Musik für Wintertage."

Entspannung

- „Alexa, spiele Musik zum Einschlafen."

- „Alexa, spiele Musik zum Entspannen."

- „Alexa, spiele klassische Musik zum Entspannen."

- „Alexa, spiele Musik zum Kuscheln."

- „Alexa, spiele Musik zum Frühstücken."

- „Alexa, spiele entspannende Hintergrundmusik."

Aktivitäten

- „Alexa, spiele Musik zum Aufstehen."

- „Alexa, spiele Musik zum Aufwachen."

- „Alexa, spiele Musik zum Frühstücken."

- „Alexa, spiele Musik für die Arbeit."

- „Alexa, spiele Musik fürs Workout."

- „Alexa, spiele Workout Beats."

- „Alexa, spiele langsame Musik."

- „Alexa, spiele Musik zum Tanzen."

- „Alexa, spiele Musik zum Lernen."

- „Alexa, spiele schnelle Musik."

- „Alexa, spiele Gute-Laune-Musik."

Musikrichtungen (alphabetische Sortierung)

- „Alexa, spiele afrikanische Musik."

- „Alexa, spiele arabische Musik."

- „Alexa, spiele Bebop."

- „Alexa, spiele Blues."

- „Alexa, spiele Bollywood."

- „Alexa, spiele Chillout."

- „Alexa, spiele Country Musik."

- „Alexa, spiele Dance-Musik."

- „Alexa, spiele deutsche Musik."

- „Alexa, spiele Dub."

- „Alexa, spiele Easy Listening."

- „Alexa, spiele Funk."

- „Alexa, spiele Hardrock."

- „Alexa, spiele Heavy Metal."

- „Alexa, spiele Hip-Hop."

- „Alexa, spiele House."

- „Alexa, spiele entspannten Jazz."

- „Alexa, spiele Musik für Kinder."

- „Alexa, spiele fröhliche Kindermusik."

- „Alexa, spiele klassische Musik."

- „Alexa, spiele Oldies."

- „Alexa, spiele Pop."

- „Alexa, spiele Rock aus den [Zeiten]." – Beispiel: *90ern*

- „Alexa, spiele Punk."

- „Alexa, spiele Reggae."

- „Alexa, spiele Rockabilly."

- „Alexa, spiele Rockmusik."

- „Alexa, spiele Salsa."

- „Alexa, spiele Ska."

- „Alexa, spiele Soft Rock."

- „Alexa, spiele Swing."

- „Alexa, spiele Tango."

- „Alexa, spiele Techno."

- „Alexa, spiele Volkmusik."

- „Alexa, spiele der [Zeit]." – Beispiele: *20ziger Jahre, 80ziger Jahre.*

Multi-Room-Funktion

Mit der neuen Multi-Room-Funktion für Amazons Echo-Geräte ist ab sofort eine synchrone Musikwiedergabe in unterschiedlichen Räumen möglich. Dazu können zwei oder mehrere Echo-Geräte (Echo oder Echo Dot) zu Gruppen zusammengeführt werden. Gleichzeitig kündigte Amazon an, dass Entwicklungstools für Netzwerklautsprecher und Audiosysteme anderer Hersteller angeboten werden.

Musik via Multi-Room-Sound für Amazon Echo und Echo Dot

Über den Sprachassistenten Alexa können Nutzer ab sofort die Musikwiedergabe über mehrere Amazon Echo-Geräte hinweg synchronisieren und steuern. In Kürze sollen weitere Netzwerklautsprecher anderer Hersteller per Sprachbefehl gesteuert werden. Dazu gehören wohl die Firmen Sonos, Bose, Sound United und Samsung.

Aktuell kann die synchrone Musikwiedergabe über mehrere Echo-Geräte mit *Amazon Music* und *TuneIn* genutzt werden. In den USA ist die neue Funktion auch für *iHeart Radio* und *Pandora* möglich. Die Unterstützung von *Spotify* und in den USA auch von *Sirius XM* folgt nach Angaben von Amazon in Kürze. Anwender in den USA, Großbritannien, Deutschland und Österreich können Multi-Room Music ab sofort auf ihrem Echo oder Echo Dot nutzen. In den USA ist dies auch über *Echo Show* möglich.

In der Praxis bedeutet die Multiroom-Funktion, dass auf allen dazugehörigen Geräten (in der jeweiligen Gruppe) die gleiche Musik ertönt. Eine Stereo-Basis wird allerdings über diese Funktion nicht erzeugt. Vielmehr wird das identische Signal auf jedem Gerät wiedergegeben. Alternativ kann auch nach einer Gruppierung jedes einzelne Echo—Gerät weiterhin separat angesteuert werden.

Gruppierung von Echo-Geräten

Voraussetzung für die Multi-Room-Funktion ist natürlich, dass die Alexa-App auf dem neuesten Stand ist. Entsprechende Updates wurden in den letzten Tagen zur Verfügung gestellt. Die dafür notwendige Funktion befindet sich in der App unter dem Menüpunkt *Einstellungen*. Unter der Rubrik *Audiogruppen* befindet sich der Punkt *Multiroom Musik.* Hier können Sie eine oder mehrere Gruppen einrichten. Dabei werden alle verfügbaren Geräte gelistet. Aktuell ist dies nur mit Amazon Echo, Echo Plus, Echo Dot, Echo Show und Echo Show möglich. Die Streaminggeräte Fire TV, Fire TV Stick oder andere Lautsprecher sind momentan noch nicht verfügbar.

Sofern Sie auf die Option *Gruppenname wählen* klicken, erscheint eine Liste von vorgegebenen Namen (z.B. *Esszimmer, Erdgeschoss* oder *Überall*). Natürlich kann der Anwender auch einen eigenen benutzerdefinierten Namen vergeben.

Hinweis: Für die neue Multi-Room-Funktion benötigt ihr Echo-Gerät zwingend ein Update. Ob ihr Gerät bereits auf dem neuesten Stand ist, entnehmen Sie der Alexa-App unter *Einstellungen / Geräte*. Zudem finden Sie in der Funktion zur Gruppierung eine entsprechende Information, ob das betreffende Gerät bereit ein Update erhalten hat.

Nach der Vergabe eines Gruppennamens wählen Sie die betreffenden Geräte aus, die in die jeweilige Gruppe zugeordnet werden sollen. Achten Sie darauf, dass alle Geräte auch aktiviert sind (kein roter Kreis!) Anschließend klicken Sie auf den Schalter *Gruppe erstellen*. Dieser Vorgang kann einige Sekunden dauern, da eine Verbindung zum Alexa-Server hergestellt werden muss.

Über den Sprachbefehl:

- „Alexa, spiele Musik von [Interpret] in [Gruppen]"

kann anschließend die gewünschte Gruppe angesprochen werden. Läuft gerade eine Musikwiedergabe, so informiert Alexa den Anwender darüber.

Aktuell kann jedes Gerät nur jeweils einer bestimmten Gruppe zugeordnet werden. Die Lautstärke muss auf jedem Gerät separat geregelt werden. Bei der Verwendung von mindestens zwei Geräten wird keine Stereobasis erzeugt. Es wird nur die Musik auf den gruppierten Geräten synchronisiert.

Hinweis: Natürlich muss auch ihr Echo-Gerät für die neue Funktion auf dem aktuellsten Stand sein. Das manuelle Einspielen eines Updates ist leider nicht möglich. In der

Regel müssen Sie nur das betreffende Echo-Gerät möglichst für kurze Zeit nicht aktiv nutzen. Auch das Ansteuern über die Alexa-App sollten Sie unterlassen. Das Gerät muss allerdings auch aktiv geschaltet und mit dem WLAN verbunden sein. In kürzester Zeit wird dann ein verfügbares Update eingespielt. Das betreffende Echo-Gerät meldet sich dann mit einer Meldung. Bis das aktuelle Update in der Alexa-App erscheint, kann allerdings eine Weile dauern.

Musikwiedergabe über andere Echo-Geräte steuern

Neben der Gruppierung und Synchronisierung von mehreren Echo-Geräten hat Amazon eine weitere Neuerung spendiert, die jedoch kaum Beachtung findet. Die Musikwiedergabe auf Echo-Geräten kann jetzt mit jedem beliebigen Alexa-Gerät gesteuert werden. Dazu sind keine weiteren Einstellungen notwendig. Es ist nun möglich, von jedem Gerät aus über Alexa Musik auf einem anderen Amazon Echo oder Echo Dot zu steuern.

Bei dem dafür notwendigen Sprachbefehl muss zu dem jeweiligen Kommando nur noch der Name des gewünschten Gerätes hinzugefügt werden. So lässt sich die Musikwiedergabe auf jedem Echo-Gerät, dass sich im gleichen Netzwerk befindet, entsprechend steuern. Beispiel:

- „Alexa, starte Musik auf [Echo Name]"

Hinweis: Den Namen des jeweiligen Echo-Gerätes finden Sie in der Alexa-App unter *Einstellungen / Geräte*. Amazon vergibt automatisch für jedes verbundene Gerät einen eindeutigen Namen. Allerdings lässt sich jeder Gerätename auch beliebig über die App ändern. Idealerweise wählen Sie für jedes Gerät einen leicht zu merkenden Namen, der auch problemlos ausgesprochen werden kann. Beispiel: „Echo Dot Küche". In diesem Beispiel lautet dann der Befehl an Alexa:

- „Alexa, starte Musik auf Echo Shop in der Küche"

Sprachsteuerung über alle Alexa-fähigen Geräte

Dabei beschränkt sich die Erteilung des Befehls nicht nur auf Echo-Geräte. Vielmehr kann dies über jedes Alexa-fähiges Gerät erfolgen. So beispielsweise auch über Amazon Fire TV mit einer Sprachfernbedienung. Nur das gezielte Abspielen der Musik per Befehl beschränkt sich aktuell nur auf Echo-Geräte. Das Steuern der Musik auf einer Streamingbox Fire TV oder auf einem Fire TV Stick ist momentan nicht möglich.

Grundsätzlich kann über diesen Weg nicht nur die Musik gestartet werden. Es können alle zur Steuerung von Musik verfügbaren Sprachbefehle genutzt werden. Selbst die Bewertung einzelner Titel oder Playlists ist so möglich. Die neue Funktion arbeitet auch mit anderen Musikdiensten, die unter Alexa verfügbar sind.

- „Alexa, Musik stopp auf [Echo Name]."

- „Alexa, nächster Song auf [Echo Name]."

- „Alexa, Pause auf [Echo Name]."

- „Alexa, lauter auf [Echo Name]."

- „Alexa, leiser auf [Echo Name]."

Amazon Alexa: Drop In: Ruf mich an

Amazon ist bestrebt mit neuen Echo-Geräten den Markt der Sprachassistenten zu dominieren. Doch auch bei der Software präsentiert Amazon viele neue Funktionen im Zusammenhang mit Alexa. Nun schickt sich Alexa an, auch das Thema Telefonie zu erobern. So ist es mit den aktuellen Updates möglich, von einem Echo zum anderen Echo-Gerät zu kommunizieren. Dies funktioniert auch mit der Alexa-App oder per Echo Dot oder Echo Show. Hier ist sogar eine Video-Telefonie möglich, sofern zumindest zwei Teilnehmer das Videosignal erzeugen bzw. verarbeiten können. Selbst ein Anruf via Smartphone ist möglich. Zwar ist in Zeiten von Facebook, Twitter, SnapChat oder WhatsApp der Informationsaustausch via Messenger nicht wirklich etwas Neues, doch mit Alexa ist die Kommunikation vollständig per Sprachbefehl möglich.

Wer bereits mit Alexa und Echo arbeitet, kann dabei mit unterschiedlicher Ausprägung seine eigene Telefonie betreiben. Wer bereits die neueste Alexa-App (iOS oder Android) auf seinem Smartphone eingespielt hat, kann sogleich mit seiner persönlichen Kommunikation beginnen. Nach dem Update der Alexa-App ist nun ein kleines Symbol als Sprechblase am unteren Rand erkennbar. Über dieses Symbol kann sich der Teilnehmer mit seiner Rufnummer verifizieren. Anschließend wird per SMS ein Code zur Verifikation versendet. Nach erfolgreicher Eingabe des Codes ist die betreffende Telefonnummer im System verfügbar. Anschließend lassen sich über diesen Weg auch noch weitere Kontakte synchronisieren. Dabei greift Alexa nach der Verifizierung auf das Adressbuch des Smartphones zu.

Drop In: Das eigene Haustelefon via Alexa

Will man sich nur auf eine interne Kommunikation beschränken, also nur auf den Nachrichtenaustausch zwischen Echo-Geräten im heimischen Netzwerk, kann der Anwender getrost auf die Verifikation der Rufnummern verzichten. Das sogenannte „Drop In" stellt dann eine Verbindung zwischen zwei Geräten aus dem häuslichen Heimnetzwerk her. Amazon stellt somit ein spezielles „Haustelefon" zur Verfügung, sofern ausreichend Echo-Geräte in den eigenen vier Wänden vorhanden sind.

Anschließend kann der Nutzer direkt mit der Datenübertragung via Alexa beginnen. Wer beispielsweise eine Nachricht von Echo zu Echo versenden will, startet mit einem der folgenden Befehle:

- „Alexa, sende eine Nachricht"

- „Alexa, machen einen Anruf"

- „Alexa, rufe [Teilnehmer / Gerätename] an."

- „Alexa, Drop In für [Teilnehmer / Gerätename]"

- „Alexa, Drop In"

Im zweiten Schritt muss sich der Nutzer nur noch für das jeweilige Gerät oder den betreffenden Teilnehmer entscheiden. Sofern Sie die betreffende Bezeichnung des gewünschten Gerätes nicht kennen, genügt ein Blick in die Alexa-App. Hier sind alle verfügbaren Alexa-Geräte unter *Einstellungen / Geräte* aufgelistet.

Hinweis: Damit die Kommunikation stets korrekt abläuft, sollten Sie den einzelnen Echo-Geräten jeweils einen einprägsamen Namen verpassen. Zum Umbenennen des Namens begeben Sie sich erneut in der Alexa-App zu dem Menüpunkt *Einstellungen / Geräte*. Hier wählen Sie das gewünschte Gerät aus. Unter *Gerätename* lässt sich dann der Name verändern.

Ist ein gewünschter Teilnehmer (auch Gerät) erkannt worden, kann die Kommunikation beginnen. Dabei kann die Drop In-Kommunikation auch direkt über die Alexa-App angestoßen werden. Bei Anruf regt sich sofort das betreffende Echo-Gerät. Sofern ein vorhandenes Gerät angesprochen wird, ertönt ein spezieller Info-Ton und die Lichtringe der beteiligten Geräte färben sich grün und die Kommunikation kann beginnen.

Der betreffende Teilnehmer nimmt die ankommende Nachricht mit dem Sprachbefehl:

- „Alexa, Anruf annehmen"

an. Mit dem Befehl:

- „Alexa, ignoriere den Anruf!"

lehnen Sie den ankommenden Anruf ab. Wer ein laufendes Gespräch beenden will, tut dies mit den Sprachbefehl:

- „Alexa, auflegen"

- „Alexa, Drop In beenden"

Auch wenn der Aufbau der Kommunikation sehr schnell zustande kommt, lässt in manchen Fällen die Qualität der

Kommunikation doch etwas zu wünschen übrig. Dabei scheint die Qualität nicht von der Übertragungsgeschwindigkeit abhängig zu sein. Selbst bei einer sehr guten Netzwerkverbindung war das gesprochene Wort nicht in jedem Fall gut zu verstehen. Hier muss Amazon noch etwas nachbessern.

Kommt eine Kommunikation zustande, so spricht der Anrufer einfach seine Nachricht und Alexa überträgt die gesprochenen Worte. Nur mit einer kleinen Verzögerung wird der Text direkt auf dem anderen Gerät ausgegeben. Die Teilnehmer können direkt über die eingebauten Mikrofone sprechen. Weitere Sprachbefehle an Alexa sind nicht notwendig. Erst wenn die Kommunikation beendet werden soll, drückt der jeweilige Teilnehmer die Aktivierungstaste am Echo-Gerät und gibt den gewünschten Sprachbefehl ein.

Nachrichten versenden und empfangen

Wer nicht direkt mit einem Teilnehmer in Kontakt treten will, kann auch mittels Alexa eine elektronische Nachricht hinterlassen. Dies ist auch dann sinnvoll, wenn der gewünschte Gegenüber nicht erreichbar oder gerade nicht verfügbar ist. Mit folgendem Sprachbefehl wird eine Nachricht hinterlegt:

- „Alexa, sende eine Nachricht an [Gerät / Teilnehmer]"

Dabei müssen Sie die Nachricht nicht zwingend mit einem eigenen Befehl beenden. Vielmehr genügt es, nach der vollständigen Nachricht für einige Sekunden zu schweigen. Alexa nimmt dies wahr und beendet automatisch die Nachricht. Der Empfänger erhält auch hier einen kurzen Info-Ton und der Lichtring färbt sich auch hier grün. Mit dem Sprachbefehl:

- „Alexa, spiele meine Nachrichten ab"

wird die hinterlegte Nachricht abgerufen. Dabei kann die Nachricht auch via Alexa-App jederzeit abgerufen werden.

Hinweis: Aktuell lassen sich vorhandene Nachrichten nicht per Sprachbefehl löschen. Dies kann nur direkt über die Alexa-App geschehen.

Einkaufen mit Alexa

Bei bisherigen Lösungen musste beispielsweise der Sprachassistent auf dem Smartphone per Klick aktiviert werden. Zum Unterschied zu anderen Lösungen ist Echo permanent empfangsbereit und kann jederzeit die gewünschten Sprachbefehle empfangen. Da Amazon in erster Linie ein riesigen Online-Shop darstellt, ist es naheliegend, dass über eine Echo-Einheit auch Bestellungen abgesetzt werden können.

Entsprechend ist es durchaus sinnvoll, die Möglichkeit der Bestellung via Sprachbefehl zu begrenzen. Zumal in der Grundeinstellung von Echo jede Person, die sich in unmittelbarer Nähe des Systems befindet, beliebige Bestellungen absetzen kann. Daher ist es anzuraten, entsprechende Einstellungen vorzunehmen, damit das eigene Kind oder der Handwerker nicht eine Bestellung auf ihre Kosten abgibt.

Die notwendigen Einstellungen können Sie sowohl über die App als auch über die Alexa-Webseite vornehmen.

- Die gewünschten Parameter finden Sie unter dem Menüpunkt *Einstellungen*.

- Anschließend begeben Sie sich zum Unterpunkt *Spracheinkauf*.

- Möchten Sie zukünftig vollständig auf die Möglichkeit verzichten, per Sprachbefehl eine Bestellung bei Amazon abzusetzen, betätigen Sie den dafür vorgesehenen Schieberegler.

- Folglich ist eine Bestellung per Sprachbefehl auf allen angeschlossenen Geräten deaktiviert.

Einkauf per Sprachbefehl via Pin sichern

Möchten Sie auch weiterhin Einkäufe bei Amazon via Alexa tätigen wollen, sollten Sie dennoch zur eigenen Sicherheit einen Sicherheits-Pin einrichten. Die dafür notwendigen Einstellungen finden Sie ebenfalls unter *Einstellungen / Spracheinkauf*.

- Dazu muss zunächst die Funktion des Spracheinkaufs aktiviert sein.

- Anschließend geben Sie unter dem *Menüpunkt Bestätigungscode* anfordern einen 4-stelligen Code ein. Es sind alle gängigen Zeichenfolgen denkbar.

- Klicken Sie anschließend auf den Schalter *Änderungen speichern* ist der gewählte Code sofort aktiv.

- Erfolgt nun eine Bestellung per Sprachbefehl, kann diese nur durch die Angabe des Codes erfolgen. Der Code muss ebenfalls per Sprache genannt werden.

Unser Tipp: Möchten Sie den Code vor einer anderen Person geheim halten, sollten Sie eine Bestellung via Alexa nur ausführen, wenn Sie alleine sind. Ansonsten haben alle Sicherheitsmaßnahmen keinen Sinn, wenn der gewählte Code für alle hörbar ist.

Einen sicheren Code wählen

Wer den Missbrauch seines Systems verhindern möchte, sollte stets einen sicheren Code verwenden. Daher sollten Sie unbedingt einen möglichst unbekannten Code nutzen und diesen in regelmäßigen Abständen austauschen. Hier nun einige Regeln, die es bei der Vergabe von Kennworten zu beachten gilt:

- Vermeiden Sie gängige Modebegriffe und Namen. Diese werden immer an erster Stelle ausprobiert.

- Nutzen Sie auch keine Namen aus dem Familien- oder Bekanntenkreis. Diese sind für einen Außenstehenden relativ einfach zu ermitteln.

- Auch Geburtstermine und wichtige persönliche Daten sind gänzlich ungeeignet als Zugangscode.

- Ähnlich gestaltet es sich mit Namen von Persönlichkeiten und Stars.

- Bilden Sie Passwörter möglichst aus einer Kombination von Buchstaben und Ziffern.

- Benutzen Sie für verschiedene Accounts auch verschiedene Codes.

Ein Großteil der Übergriffe lassen sich mit der Befolgung dieser Regeln abwehren. Denn die meisten Versuche ungeübter Hacker den Zugriff zu ihrem System zu erhalten, geschehen durch das einfache Testen von bekannten Begriffen und Zahlenkombinationen.

Sprachbefehle zur Bestellung via Alexa

Folgende Sprachbefehle stehen zur Aufgabe einer Bestellung unter Alexa zur Verfügung:

- „Alexa, bestelle [Produkt]"

- „Alexa, bestelle [Produkt] erneut"

- „Alexa, füge [Produkt] zu meinem Einkaufswagen hinzu"

- „Alexa, verfolge meine Bestellung"

- „Alexa, wo ist meine Bestellung"

- „Alexa, füge [Produkt] auf meine Einkaufsliste hinzu"

Unser Tipp: Sie können natürlich auch eine aktuelle Bestellung mittels Alexa verfolgen, die Sie auf dem herkömmlichen Weg getätigt haben.

Für jede Bestellung, die Sie per Sprachbefehl aufgeben, erfolgt automatisch ein Eintrag im Verlauf Ihrer Alexa-App oder auf der Alexa-Webseite (*http://alexa.amazon.de*). So können Sie mögliche Bestellungen noch stoppen, sofern diese unrechtmäßig erfolgt sind. Grundsätzlich gelten bei allen Sprach-Bestellungen die gleichen Geschäftsbedingungen (> **siehe Bedingungen**), wie bei herkömmlichen Geschäften. Eine Rückgabe von kostenpflichtigen, digitalen Produkten ist daher nur bedingt möglich.

Alexa-Einkaufsliste

Eine durchaus sinnvolle Lösung ist das Einfügen von diversen Produkten in die eigene Einkaufsliste. Dazu hat Amazon auf der Webseite unter *Meine Listen* eine eigene *Alexa-Einkaufsliste* eingerichtet. So lassen sich beliebige Produkte zunächst in der Einkaufsliste parken. Eine Bestellung können Sie dann zu einem späteren Zeitpunkt direkt am Rechner vornehmen. Ein Bestätigungscode ist hierfür nicht notwendig. Auch wenn Sie den Spracheinkauf abgeschaltet haben, können Sie Produkte in Ihre Einkaufsliste einfügen.

Bestellstatus abrufen

Aktuell gibt Alexa auch Auskunft über den Status einer Bestellung. Gibt es eine Änderung bei dem aktuellen Bestellstatus, so wird dies mit einem gelben Leuchtring (Echo, Echo Spot) bzw. mit einem gelben Balken (Echo Show 5) signalisiert. In diesem Fall rufen Sie mit dem Kommando „Alexa, was sind meine Benachrichtigungen?" die entsprechende Information ab.

Mit dem Sprachbefehl: „Alexa, wo sind meine Bestellungen?" erhalten Sie einen Überblick über die aktuellen Bestellungen. In der Alexa App können Sie selbst bestimmen, welche Benachrichtigungen genutzt werden sollen. Die Optionen dazu finden Sie unter *Einstellungen / Benachrichtigungen / Amazon Shopping*. Wer beispielsweise ein Geschenk erwartet, sollte in diesem Fall alle Benachrichtigungen ausschalten.

Audible Hörbücher mit Alexa auf Echo Show abspielen

Eine wirklich interessante Funktion ist das gezielte Hören von Hörbüchern. Dazu greift Alexa auf digitale **Hörbücher von Audible** zu. Das Tochterunternehmen von Amazon hat sich ausschließlich auf Hörbücher spezialisiert.

Mit mehr als 200.000 Hörbüchern und Hörspielen im Programm ist Audible der größte Anbieter weltweit. Bestseller, Thriller, Romane und Klassiker – bei Audible bietet viele unterschiedliche Genre. Die Kunden laden sich die Hörbücher einfach auf Computer, Smartphone oder Tablet herunter oder lauschen der jeweiligen Geschichte über *Echo* oder *Echo Dot*.

Hinweis: Dazu bietet Audible ein interessantes Angebot. Jeder Neukunde kann Audible für 30 Tage kostenlos testen. Als Prime-Mitglied von Amazon können Sie sogar den **Audible-Service 3 Monate kostenlos** (90 Tage) nutzen. Im Rahmen des Probeabos erhalten Sie drei Monate lang jeden Monat je ein kostenloses Hörbuch (freie Auswahl). Anschließend gibt es keine Mindestvertragslaufzeit. Der Vertrag kann jederzeit gekündigt werden.

Ein Hörbuch per Sprachbefehl steuern

Das eigentliche Highlight bei Amazon Echo ist nicht nur die Möglichkeit, jedes Hörbuch direkt über den integrierten Lautsprecher zu hören, sondern die Steuerung per Sprachbefehl. Dahinter steckt die sogenannte *Whispersync* Technologie (*Whispersync for Voice*), die es ermöglicht, die aktuelle Wiedergabeposition des Hörbuchs festzuhalten. So können Sie an einer beliebigen Stelle im Hörbuch stoppen und zu einem späteren Zeitpunkt wieder einsteigen.

Whispersync for Voice geht allerdings noch einen Schritt weiter. Diese Technik ist zusätzlich auch in der Lage, das betreffende Hörbuch auf allen angeschlossenen Geräten zu synchronisieren. Sie können somit mit einem gewünschten Hörbuch via *Amazon Echo* beginnen und später dies mobil auf ihrem Smartphone oder Fire Tablet weiterhören. Die aktuelle Position im Hörbuch wird über alle Geräte hinweg permanent synchronisiert.

Liegt Ihnen zusätzlich das Hörbuch auch als elektronisches Buch vor, so können Sie sogar eine Synchronisierung zwischen Hörbuch und ebook herstellen. Aktuell sind allerdings noch nicht alle eBooks und Hörbücher mit dieser interessanten Technologie ausgestattet.

Spezielle Sprachbefehle für Hörbücher

Im ersten Schritt müssen Sie ein Abo (**auch das Probe-Abo**) bei Audible abschließen. Anschließend sind die verfügbaren Hörbücher auch *Echo* oder *Echo Dot* verfügbar. Dazu bietet Ihnen der Sprachassistent eine Reihe von speziellen Befehlen, die für die Nutzung von Hörbüchern vorgesehen sind. So können Sie ein bestimmtes Hörbuch starten und stoppen, zum nächsten Kapitel wechseln oder das Abspielen nach einer bestimmten Zeit einstellen.

Folgende Auswahl an Kommandos stehen zur Verfügung:

Hörbuch anhören

- „Alexa, lies [Titel]."
- „Alexa, lese [Titel] vor."
- „Alexa, spiele [Hörbuchtitel] ab."
- „Alexa, spiele das Hörbuch [Titel] ab."
- „Alexa, [Titel] über Audible abspielen."
- „Alexa, Hörbuch über Audible abspielen."

Hörbuch anhalten

- „Alexa, Pause"

Das aktuelle Hörbuch fortsetzen

- „Alexa, mein Hörbuch fortsetzen."

Das Hörbuch 30 Sekunden vor- oder zurückspulen

- „Alexa, gehe vorwärts / zurück."

Zum nächsten oder vorherigen Kapitel wechseln

- „Alexa, nächstes / vorheriges Kapitel."

Zu einem bestimmten Kapitel wechseln

- „Alexa, gehe zu Kapitel [Zahl]."

Ein Kapitel neu starten

- „Alexa, Neustart."

Sleeptimer einrichten oder neu starten

- „Alexa, stelle einen Sleeptimer für [Zahl] Minuten / Stunden."

- „Alexa, höre in [Anzahl] Minuten auf, das Buch vorzulesen."

- „Alexa, beende den Sleeptimer."

Besser organisieren mit Alexa

Alexa ist aufgrund der Fähigkeiten durchaus in der Lage, im Alltag die eigene Organisation zu verbessern. Dazu stehen einige interessante Befehle und Funktionen zur Verfügung. Die Basis bilden dabei die Funktionen des Weckers, des Timers und der Einkaufs- und Aufgabenlisten. Allein mit diesem Instrument lassen sich der berufliche und der geschäftliche Alltag deutlich vereinfachen.

Zeitmanagement mit Alexa

In der heutigen Zeit sind einfach andere Dinge gefragt, um in der schnelllebigen und vernetzten Welt nicht den Durchblick zu verlieren. Idealerweise muss ein System her, dass auf die eigenen Fähigkeiten, Vorlieben und Interessen Rücksicht nimmt. Zudem sollte es sich die heutigen technischen Möglichkeiten zu Nutze machen und eine wirklich unterstützende Wirkung auf das eigene Wirken ausüben. Ein möglicher Ansatz stellt die Unterstützung durch einen Sprachassistenten dar, wie es Amazon Alexa ermöglicht.

Dies ist natürlich ein toller Ansatz, der in der Praxis nicht ganz einfach zu realisieren ist. Wer nur mit einfachen Checklisten und Listen arbeitet, wird sehr schnell an die Grenzen dieses Ansatzes stoßen. Klassische Zeitmanagement-Systeme sind in einer Zeit entstanden, in denen der Einzelne seine Arbeiten Schritt für Schritt abarbeiten konnte. Dies ist allerdings heute kaum noch möglich.

Die Arbeitswelt, aber auch die private Einbindung, hat sich in den letzten Jahren vollständig verändert. Heute werden Anforderungen von dem Einzelnen erwartet, die noch vor wenigen Jahren undenkbar waren. Besonderes die technische Anbindung wird vielerorts gefeiert, doch in Wirklichkeit kommt durch die ständige Erreichbarkeit eine völlig neue Form von Belastung auf jeden Einzelnen zu. Zudem haben sich viele Arbeitsabläufe deutlich beschleunigt. Was vor Jahren noch in aller Ruhe per Post unterwegs war, ist nun per Internet in Sekunden auf dem Tisch des anderen.

Gleiches gilt für die mobile Verarbeitung von Informationen. Per Smartphone und Tablet kann jeder an jedem Ort und fast zu jeder Tageszeit erreichbar sein und entsprechenden Input liefern. Dadurch ist auch die Informationsmenge deutlich gestiegen, die jeder Mensch täglich bewältigen muss. Daher sind dafür auch neue Techniken und Ansätze bei der eigenen Arbeitsoptimierung notwendig.

Unser Tipp: Da Alexa und die Echo-Systeme in der jetzigen Zeit eher einen stationären Einsatz vorsehen, stellen wir an dieser Stelle nur erste Ideen zur besseren Organisation mit Alexa vor, die eher im heimischen Umfeld funktionieren. Dies ist allerdings durchaus auch am Arbeitsplatz möglich, sofern die Sprachkommandos nicht einen Kollegen stören.

Alexa: Die eigene Zeit in den Griff bekommen

Zeit ist ein kostbares und seltenes Gut, das sich unwiderruflich verringert. Für unsere tägliche Arbeit und natürlich auch für unsere Freizeit kann dies nur heißen, dass sie konsequent und effektiv genutzt werden muss. Machen Sie sich diesen Umstand bewusst. Sie können die Zeit nicht aufhalten. Unaufhörlich verrinnt die Zeit. Aber mit einer besseren Planung haben Sie die Chance, die eigene Zeit optimal zu nutzen, anstatt sich von Terminen beherrschen zu lassen.

Allein durch den intelligenten Umgang mit der Zeit können Sie viel Stress im Vorfeld umgehen. Vermeiden Sie einfach Tätigkeiten, die einfach nur Zeit kosten und wenig einbringen. Verwechseln Sie dabei Ihre Freizeit nicht mit Zeitfressern. Auch der sinnvolle Einsatz von Pufferzeiten ist ein gutes Instrument, um Ruhe in die Gestaltung des Tages zu bringen. Hier kann Alexa ein nützlicher Helfer sein. Hier einige Anregungen:

Der Stress beginnt schon am Morgen

Versuchen Sie einen pünktlichen Tagesbeginn. Sie müssen eigentlich nicht zu einer bestimmten Zeit am Arbeitsplatz erscheinen. Trotzdem sollten Sie sich eine Zeitplanung auferlegen, an die Sie sich konsequent halten. Sie haben einfach mehr von jedem Tag. Zudem bestehen Ihre Kunden, Mitarbeiter oder Kollegen unter Garantie auf einer pünktlichen Ablieferung der Arbeit oder Ware. Lassen Sie sich zu bestimmten Terminen einfach wecken.

Dazu einige Befehle für Alexa:

- „Wecke mich um [Uhrzeit] Uhr."

- „Stelle den Wecker auf [Uhrzeit] Uhr."

- „Stelle einen wiederholten Wecker für [Wochentag] um [Uhrzeit] Uhr ein."

Machen Sie eine Pause

Machen Sie regelmäßig Pausen zur Entspannung. Kleine schöpferische Stopps machen Sie auch über einen langen Arbeitstag hinweg leistungsfähig. Planen Sie gezielt im Laufe des Tages ihre Pausen ein.

Dazu einige Befehle für Alexa:

- „Stelle den Timer auf [Anzahl der Minuten] Minuten."

- „Wieviel Zeit ist noch bei meinem Timer übrig?"

- „Welche Timer sind eingestellt?"

- Alexa: der Timer im Einsatz

- „Wie spät ist es?"

- „Wie lautet das Datum?"

- „Für welche Uhrzeit ist mein Wecker gestellt?"

- „Lösche den Wecker für [Uhr] Uhr."

- „Lösche meinen Wecker für [Wochentag, Datum]"

- „Lösche alle Wecker für [Wochentag, Datum]"

- „Welche Wecker sind für morgen eingestellt?"

- „Schlummern." (wenn der Timer oder Wecker aktiv wird)

- „Stopp." (wenn der Timer oder Wecker aktiv wird)

- „Lösche den Timer für [Zahl] Minuten." (bei eingestelltem Timer)

Mit dem Kalender unter Google, Microsoft und Apple verknüpfen

Verwalten Sie mit Alexa ihre laufenden Termine. Dabei können Sie das System mit Google (Gmail und G Suite), Microsoft (Outlook und Office 365) sowie Apple (iCloud) verknüpfen. Nach der Anbindung können Sie per Sprachkommando neue Termine einfügen.

Auch wenn Alexa gerne in der Werbung als Ersatz für eine gute Terminvorlage angepriesen wird, gibt es aktuell noch einige Grenzen in der täglichen Handhabung. Im ersten Schritt muss jedoch über die Kalenderfunktion in der Alexa App der gewünschte Termin verknüpft werden.

Bevor man die Kalender-Funktion nutzen kann, muss zunächst die betreffende Plattform mit der Alexa App verbunden werden. Für jede Plattform (Apple, Microsoft oder Google) müssen dafür unterschiedliche Prozeduren durchlaufen werden. In der App finden Sie die passende Funktion unter *Einstellungen / Kalender*.

Mehrere Kalender gemeinsam verwalten

Insgesamt ist Alexa durchaus in der Lage, Kalender auf unterschiedlichen Plattformen (z.B. Google Kalender, Apple Kalender und Microsoft Kalender) einzubinden. Allerdings ist dies jeweils nur mit einem Konto einer einzelnen Person möglich. Zudem werden bei der Ausgabe alle Termine die Daten aus unterschiedlichen Kalendern miteinander gemischt. Für den Anwender ist es aktuell nicht möglich festzustellen, aus welchem Kalender ein bestimmter Termin stammt. Auch die Abfrage eines einzelnen Kalenders (z.B. Google) ist leider nicht möglich. Dies schränkt die Möglichkeiten bei der persönlichen Terminverwaltung deutlich ein. Daher ist es eher ratsam, seinen Terminverwaltung via Alexa auf einen bestimmten Kalender zu beschränken.

Hinweis: Auch das Einbinden mehrerer Kalender von unterschiedlichen Personen stellt ein Problem dar. Nehmen beispielsweise mehrere Personen an einem bestimmten Termin teil, wird dennoch der Eintrag mehrfach von Alexa genannt. Dies bedeutet, Alexa kann so einen einzelnen Termin nicht einer bestimmten Person zuordnen. Dies lässt sich nur durch eine eindeutige Beschreibung des Termins umgehen.

Insgesamt kann pro Plattform (z.B. Microsoft) immer nur ein Konto mit Alexa verknüpft werden. Wollen allerdings mehrere Personen auf einen Apple Kalender zugreifen, müssen unterschiedliche Alexa-Konten angelegt werden. Hier sollte Amazon unbedingt nachrüsten.

Eintragen von Termine mittels Sprachbefehl

Es gibt diverse Kommandos, um einen neuen Termin in den verbundenen Kalender einzufügen. Durch die Synchronisierung der Systeme erscheint anschließend sofort der genannte Termin im eigenen Kalender (z.B. auf dem eigenen iPhone via Apple Kalender).

Folgende Befehle sind für die Termineingabe vorhanden:

- „Alexa, füge einen Termin zu meinem Kalender hinzu"

- „Alexa, was steht [Termin] für [Uhrzeit] in meinem Kalender?"

- „Alexa, füge meinem Kalender [Aufgabe] für [Datum / Wochentag] um [Uhrzeit] hinzu.

Hinweis: Leider lassen sich einzelne Termine via Alexa nicht mehr entfernen. Es existiert kein geeigneter Sprachbefehl. Somit müssen Sie ein Termin per Hand aus dem Kalender entfernen.

Natürlich funktioniert die Synchronisierung der Termine in beide Richtungen. Werden neue Termine manuell in den betreffenden Kalender eingetragen, so wird dieser Termin ebenfalls von Alexa berücksichtigt.

Allerdings müssen Sie im Vorfeld bestimmen, in welchen Kalender die neuen Einträge zu erfolgen haben. Auch hier ist Alexa nicht in der Lage, einzelne Termine einem bestimmten Kalender zuzuordnen.

Wie funktioniert die Abfrage von Terminen?

Bei der Abfrage nach offenen Terminen werden von Alexa grundsätzlich immer nur die vier nächsten Termine genannt. Möchten Sie weitere Termine abrufen, so muss dies gesondert abgefragt werden. Diese Beschränkung ist durchaus sinnvoll, da bei einem besonders vollen Terminkalender Alexa eine Vielzahl von Terminen vorlesen würde. Mit diesen Sprachkommandos rufen Sie Ihre Termine ab:

- „Alexa, was steht in meinem Kalender?"

- „Alexa, welche Termine habe ich heute"

- „Alexa, welche Termine habe ich?"

- „Alexa, welche Termine habe ich um [Zeitangabe]"

- Insgesamt können Sie Ihre Frage mittels einer genauen Zeitabfrage genau abgrenzen. Dazu erkennt Alexa eine konkrete Uhr, Wochentage, ein Wochenende und Tageszeiten:

- „Alexa, welche Termine habe ich [heute / morgen / übermorgen]?"

- „Alexa, welche Termine habe ich am [Wochentag] um [Uhrzeit]"

- „Alexa, welchen Termin habe ich heute [Abend/Mittag/Vormittag]?"

- „Alexa, welchen Termin haben ich am [Datum]?"

Hinweis: Eine Abfrage von Terminen nach einer bestimmten Monatsangabe ist aktuell nicht möglich.

Grundsätzlich gilt, alle Einträge aus Ihrem Kalender sind für alle Nutzer jederzeit abrufbar. Dies funktioniert über alle verbundenen Alexa-Geräte. Selbst Besucher sind dann imstande, ihre persönlichen Termine, ohne jegliche Sicherheitsabfrage abzurufen.

Erweiterungen durch Skills

Die Echo-Familie und der Sprachassistent Echo sind von Hause aus bereits mit vielen Funktionen gut bestückt. Zumal Alexa permanent weiterentwickelt wird. Im smarten Zeitalter ist natürlich die Verknüpfung mit anderen Geräten besonders interessant. Diese herstellerspezifischen Erweiterungen sorgen dafür, dass Alexa auch mit anderen smarten Geräten zusammenarbeitet. Hier kommen die sogenannten Skills ins Spiel. Skills sind somit Software-Ergänzungen für die Echo-Geräte. Was für ein Smartphone die Apps sind, liefern Skills für die Echo-Welt.

Die eigentliche Stärke sind somit Skills, mit deren Hilfe die Funktionalität von Alexa erweitert werden kann. Es handelt sich dabei um herstellerspezifische Anpassungen einzelner Geräte oder Anwendungen. Amazon legt dazu die Schnittstelle zu dem eigenen Sprachsystem offen. So können theoretisch jede App und jedes smarte Gerät zukünftig via Alexa gesteuert werden.

Entsprechend gibt es sehr unterschiedliche Skills, die sich teilweise auch in ihrer Qualität sehr stark unterscheiden. So gibt es diverse Skills, die kaum einen Zusatznutzen bieten, andere wieder sind ein echter Zugewinn an Leistung.

Installation von Skills

Aktuell gibt es für den deutschsprachigen Markt rund 1.500 Skills. Tendenz stark steigend. Dabei gibt es zwei unterschiedliche Ausprägungen von Skills. Einfache Erweiterungen werden per Klick oder Sprach-Kommando aktiviert und bietet sofort ihre Leistung an. Dies sind meist Skills, die Nachrichten, Infos, Witze oder vergleichbare Inhalte liefern.

Etwas komplexer wird die Angelegenheit, wenn es sich um leistungsstarke Skills handelt, die beispielsweise spezielle Smart Home Lösungen mit Alexa verbinden. Hier sind meist zusätzliche Einstellungen notwendig, damit die gewünschte Funktionalität via Alexa funktioniert.

Der einfachste Weg, um ein Skill zu starten, ist das Aktivieren per Sprachkommando. Dazu benötigen Sie allerdings zwingend die genaue Bezeichnung des Skills. Eine falsche oder ungenaue Bezeichnung führt nur zu einer Fehlermeldung seitens Alexa. Zur Installation eines Skills via Sprachbefehl sind folgende Kommandos relevant:

- „Alexa, aktiviere [Name des Skills]"

- „Alexa, starte Skill [Name des Skills]"

Ein Deaktivieren der jeweiligen Skill per Sprachbefehl ist ebenfalls möglich:

- „Alexa, deaktiviere [Name des Skills]"

Da der normale Nutzer kaum einen Überblick über die unterschiedlichen Skills besitzt, sind alle angebotenen Skills über die Alexa-Webseite oder über die Alexa-App abrufbar. Über den Menüpunkt *Skills* werden alle verfügbaren Software-Ergänzungen in verschiedene Kategorien gelistet. Auch eine integrierte Suchfunktion ist vorhanden.

Über die Apps bzw. über die Webseite können einzelne Skills ebenfalls aktiviert werden. Dazu müssen Sie nur bei der jeweiligen Skill auf den Button *Aktivieren* klicken. Anschließend steht die neue Funktion sofort unter Alexa zur Verfügung.

Unser Tipp: Über den Menüpunkt *Ihre Skills* finden alles Skills, die Sie bereits installiert haben. Besonders auf der App springt dieser Menüpunkt nicht unbedingt ins Auge. Sie finden den Eintrag am oberen, rechten Rand der App unter dem Punk *Skills*.

Voraussetzungen für ein Smart Home mit Alexa

Das Sprachsystem Alexa ist als offenes System konzipiert. Dazu stellt Amazon Drittanbietern die Möglichkeit, über eine standardisierte Schnittstelle auf Alexa zuzugreifen. Mit sogenannten Skills wird so die Funktionalität von Alexa stetig erweitert. Dabei sind diese Skill als reiner Webservice umgesetzt. Auf dem lokalen Echo-Gerät wird keine zusätzliche Software abgespeichert. Vielmehr werden diese Software-Erweiterungen in einer Cloud-Lösung vorgehalten. Der Nutzer kann nun frei wählen, welche Skills für sein Echo-Gerät aktiviert werden sollen. So besitzt jedes verwendete Gerät ein eigenes Profil, in dem die verwendeten Skills gelistet sind.

Dabei ist die Funktionsweise eines Skills immer ähnlich aufgebaut. Wer mit Alexa im heimischen Umfeld arbeiten will, benötigt dazu eine Grundausstattung. Dazu gehört ein Amazon-Konto mit einer Verknüpfung zu Alexa. Ferner muss ein Heimnetzwerk aufgebaut werden, um die verschiedenen, smarten Komponenten zu verknüpfen. Darüber hinaus benötigt der Anwender ein Echo-Gerät, um die gewünschten Sprachbefehle abzusetzen. Abschließend sind natürlich auch smarte Komponenten (z.B. Lampen, Thermostate usw.) erforderlich, die mit Hilfe von Alexa gesteuert werden können.

Die notwendigen Schritte bei der Installation von Skills

Die Installation, Inbetriebnahme und Nutzung von Skills laufen immer ähnlich ab.

- Zunächst müssen Sie die Alexa App auf ihr Smartphone oder auf einem Tablet-PC laden. Die App gibt es kostenlos auf allen relevanten Plattformen. Alternativ können Sie auch alle Einstellungen über die Webseite von Alexa (alexa.amazon.de) vornehmen.

- Über den Menüpunkt *Skills* finden Sie alle relevanten Skills, die es aktuell unter Alexa gibt. Aus der App lassen sich einzelne Skills direkt aktivieren. Über den Menüpunkt Smart Home finden Sie eine Übersicht über die bereits installierten Anwendungen auf ihrem Alexa System.

- In der Regel müssen Sie anschließend Alexa mit dem jeweiligen SmartHome System verknüpfen. Dazu sind in der Regel der Benutzername und das

Passwort notwendig, um die Anbindung zu bestätigen. Er dann ist der Skill aktiv.

- Nun müssen die betreffenden Smart Home Geräte, die über den Skill eingebunden wurden, Alexa bekannt gemacht werden. Der einfachste Weg funktioniert mittels Sprachbefehl: *„Alexa suche nach neuen Geräten"*. Alternativ können Sie diese Aufgabe manuell über die Alexa App im Menüpunkt *Smart Home* über den Punkt *Geräte* erledigen. Dazu klicken Sie auf den Button *Suchen.*

- Im Idealfall erhalten Sie abschließend eine Rückmeldung von Alexa, dass das System ein neues Gerät gefunden haben. Das neue smarte Gerät wird automatisch auch in der App unter *Smart Home / Geräte* angezeigt.

Tipp: Vergeben Sie bei den smarten Geräten immer einen einprägsamen und eindeutigen Namen. Nur so lassen sich die einzelnen Geräte einfach und effektiv steuern.

Skills spezielle für Echo Show

Aktuell existieren noch sehr wenige Skills, die direkt auf die Funktionalität des Echo Shows ausgerichtet sind. Dies wird sicherlich in den nächsten Wochen ändern. Dann werden Sie an dieser Stelle einige ausgewählte Skills für den Echo Show finden.

Die 10 besten Tipps: so funktioniert Alexa fehlerfrei

Alexa ist ein Sprachsystem, unabhängig ob Sie den Sprachassistenten via Amazon Echo, Echo Show 5 oder **Fire TV** nutzen. Hier kommt es darauf an, dass der virtuelle Assistent mit der sympathischen Stimme Sie auch versteht. Wie bei der Kommunikation zwischen zwei Menschen muss auch Alexa ihre Kommandos gut verstehen. Nur dann erhalten Sie die passende Antwort. Mit Hilfe der folgenden Tipps lassen sich die Ergebnisse per Sprachbefehl deutlich verbessern.

Sprechen Sie laut und deutlich

Auch wenn **Echo-Geräte** mit leistungsstarken Mikrofonen ausgestattet sind, kommt in manchen Fällen das Gesagte nicht korrekt an und Alexa quittiert ihr Sprachkommando mit einer Fehlermeldung oder mit einer unsinnigen Antwort. Dabei ist nicht immer Alexa das Problem. Daher ist das oberste Gebot in der Zusammenarbeit mit Alexa: Sprechen Sie laut und deutlich.

Hinweis: Selbst wenn Sie leicht erkältet sind, können möglicherweise die Sprachbefehle nicht mit der gewünschten Qualität ankommen. Daher verlieren Sie nicht die Geduld. Werden Sie einfach wieder gesund. Auch ein starker Dialekt kann übrigens für Verständnis-probleme sorgen.

Vermeiden Sie Hintergrundgeräusche

Natürlich verschlechtert sich die Kommunikation, wenn diese durch Nebengeräusche gestört wird. Sprechen beispielsweise mehrere Personen in einem Raum oder dringt aus dem geöffneten Fenster störender Straßenlärm an die Mikrofone, dann kann Alexa möglicherweise ihren Befehl nicht verstehen. Daher sollten Sie für Ruhe sorgen, dann funktioniert es auch mit Alexa.

Zu laute Musik stört die Kommunikation

Viele Anwender nutzen Echo-Geräte gerne zum Hören der eigenen Lieblingssongs. Läuft gerade ein Song in entsprechender Lautstärke, dann wird es vielfach schwierig, sich Gehör bei Alexa zu verschaffen. Hier hilft nur schreien oder sie betätigen den Knopf am Gerät, damit Alexa in Bereitschaft geht. Alternativ können Sie natürlich auch die Lautstärke herunterregeln. Dafür müssen Sie allerdings ebenfalls einen Sprachbefehl bei Alexa absetzen.

Wiederholen Sie einfach die Frage

Sollte Alexa einen Befehl einmal nicht korrekt verstehen, so wiederholen Sie Ihre Frage erneut. Schon eine kleine Änderung in der Aussprache kann zu einem Missverständnis führen. Möglicherweise ist auch ihre Frage einfach zu kompliziert, damit Alexa diese verstehen kann. Formulieren Sie ihre Frage um oder vereinfachen Sie den Aufbau der Frage. Bei Alexa gilt: Weniger ist mehr.

Überprüfen Sie die Eingabe

Es gibt einen einfachen Weg festzustellen, was Alexa bei ihrer letzten Frage überhaupt verstanden hat. Sie können jeden Sprachbefehl und die daraus resultierende Alexa-Antwort über die Alexa-App überprüfen. Unter *Einstellungen / Verlauf* finden Sie alle getätigten Sprachbefehle und deren Umsetzung seitens Alexa. Zudem können Sie auf jede einzelne Eingabe klicken, um diese zu bewerten oder sogar zu löschen. Anhand des Feedbacks kann der Anwender die Sprachqualität weiter steigern. Umgekehrt verhindern Sie durch das Löschen von fehlerhaften Kommandos, dass diese weiterhin in der Cloud von Amazon vorgehalten werden.

Die Platzierung des Echo-Gerätes

Natürlich hat auch die Platzierung des Echo-Gerätes einen maßgeblichen Einfluss auf die Qualität, die Alexa abliefert. Versuchen Sie das Gerät zentral in einem Raum aufzustellen, idealerweise bietet sich ein Tisch oder eine Kommode an. So kann das Gerät mühelos alle Sprachkommandos im Raum erfassen. Zudem sollte Echo nicht von einem Gegenstand verdeckt werden. Auch sollte sich kein größerer Gegenstand unmittelbar in der Nähe des Lautsprechers befinden. Dies kann ebenfalls zu einem fehlerhaften Erkennen von Kommandos führen.

Auch auf dem Boden hat das Echo-Gerät nichts zu suchen. Platzieren Sie das Alexa-Gerät möglichst in der Höhe von 90 bis 100 Zentimeter im Raum.

Die passende Halterung für das Echo-Gerät

Wer absolut keinen geeigneten Ort zur optimalen Aufstellung von einem Echo-Gerät findet, sollte sich im Handel umschauen. Hier wird mittlerweile eine Fülle an Zubehör für die Echo-Familie angeboten. So gibt es spezielle Halterungen, damit besonders das große Amazon Echo-Gerät einen guten Stand bekommt. Für alle Geräte gibt es unterschiedliche **Wandhalterungen**. So kann das Gerät einfach an der Wand oder an einem anderen geeigneten Ort befestigt werden. Dadurch stört das Echo-Gerät nicht auf einem Tisch oder an einer anderen Stelle. Zudem erhält das Gerät einen optimalen Platz, um alle Sprachbefehle korrekt zu empfangen.

Sprachfernbedienung bei einer größeren Entfernung

Befinden Sie sich sehr weit von dem Echo-Gerät entfernt und das Aktivieren per Sprachbefehl ist fast unmöglich, sollten Sie zu einer **Sprachfernbedienung** greifen. Hierüber können Sie direkt in das enthaltene Mikrofon sprechen und Alexa führt umgehend den Befehl aus. Dies funktioniert auch ausgezeichnet bei lauten

Nebengeräuschen. Gleichzeitig lässt sich über die Fernbedienung auch die Lautstärke der Wiedergabe steuern. Diese Fernbedienung kann auch mit anderen Echo-Geräten verknüpft werden.

Hinweis: Da die Verbindung zwischen Echo und der Sprachfernbedienung via Bluetooth geschieht, ist kein direkter Blickkontakt zu dem Gerät notwendig. Im Idealfall können auf freier Strecke bis zu 100 Meter überbrückt werden. In einem Wohnraum reduziert sich diese Verbindungsstrecke natürlich deutlich.

Fire TV zur Sprachsteuerung nutzen

Wer Amazons **Streamingbox Fire TV** oder den Fire TV Stick bereits im Einsatz hat, kann auch darüber die gewünschten Sprachbefehle absetzen. Hier müssen alle Kommandos über die beiliegende Fernbedienung über das integrierte Mikrofon abgesetzt werden.

Störungen ausschließen

Natürlich kann der Dienst bei den Echo-Geräten auch von anderen Elektrogeräten gestört werden, was sich maßgeblich in einer schlechten Leistung bei Alexa niederschlägt. Stellen Sie daher das Alexa-Gerät nicht unmittelbar in die Nähe einer Mikrowelle oder eines Babyphons. Durch die erzeugten Wellen kann es zu deutlichen Störungen beim Betrieb von Alexa kommen.

Neue Sprachbefehle notieren

Weitere Titel und Angebote

An dieser Stelle haben wir einige Produkte zusammengestellt, die andere Käufer ebenfalls für interessant hielten. **Eine Gesamtübersicht unter Streamingz finden Sie hier**:

Unser Tipp: Mein persönliches TV Serien-Tagebuch: Für ihre Lieblingsserien beim TV Streaming

Amazon Echo 2019 – der inoffizielle Ratgeber: Die besten Tipps zu ihrem Sprachassistenten. Alexa, Echo, Echo Dot, Skills und Smart Home

Ein Sprachassistent, der fast jedes Sprachkommando verarbeitet, sich einer künstlichen Intelligenz bedient und stetig erweitert werden kann, kannte man bisher nur aus Science-Fiction Filmen. Mit Alexa hat Amazon diesen Traum zur Marktreife gebracht. Alexa als übergreifendes System, dass cloudbasiert und geräteunabhängig funktioniert, damit ist Amazon ein echter „Wurf" gelungen.

Mit der Kombination aus der Sprachsoftware Alexa und dem Lautsprecher Echo präsentiert Amazon erstmals eine autarke Lösung, die unabhängig von einem Computer funktioniert. Mit dieser Verknüpfung hat das Unternehmen die Messlatte für die Konkurrenz deutlich höher gelegt. Zumal Alexa bereits nach kurzer Markteinführung erstaunliche Ergebnisse abliefert. Hier ist der dazu passende Ratgeber.

Amazon Echo 2019 – der inoffizielle Ratgeber: Die besten Tipps zu ihrem Sprachassistenten. Alexa, Echo, Echo Dot, Skills und Smart Home

ASIN (eBook): **B07L3ZQD1C**
Hinweis: Jetzt auch als Taschenbuch ISBN: **1791735002**

Fire TV Stick 4K – der inoffizielle Ratgeber: Die besten Tricks beim Streaming: Installation, Alexa, Apps, Musik, Games. Inkl. 333 Alexa-Kommandos

Mit dem neuen Fire TV Stick 4K ist Amazon ein echter Wurf gelungen. Zu einem wirklich günstigen Preis bietet der Streaming-Stick beste Qualität beim Streaming. Im Vergleich zum Vorgängermodell legt der neue Stick deutlich bei der Leistung zu und muss den Vergleich mit vergleichbaren Lösungen nicht scheuen. Erstmals bietet ein mobiler Stick somit Filme und Serien in bester Ultra HD-Qualität (4K). Zudem werden High Dynamic Range (HDR), Dolby Vision und Dolby Atmos unterstützt.

ASIN (ebook): **B07KRSFGG2**
Hinweis: Jetzt auch als Taschenbuch ISBN: **1790860807**

Die 555 wichtigsten Alexa Sprachbefehle: Die zentralen Anweisungen für den Sprachassistenten – Intelligenz aus der Cloud

Kennen Sie wirklich alle Sprachbefehle von Alexa? Hier gibt es die ultimative Übersicht! Was zunächst nur aus purer Neugier begann, endete nun in dieser umfangreichen Auflistung der wichtigsten Sprachbefehle. Zumal der Befehlssatz des virtuellen Helfers aktuell bereits einen beachtlichen Umfang angenommen hat. Es ist daher nicht immer einfach, die passenden Worte zu finden. Entsprechend ist es durchaus hilfreich, die wichtigsten Sprachbefehle nachzuschlagen!

ASIN (eBook) : **B076MKNDBB**
Hinweis: Jetzt auch als Taschenbuch ISBN: **1973548011**

Smart Home mit Alexa: Steuern Sie ihr Smart Home mit Ihrer Stimme. Alexa sorgt für ein intelligentes Heim

In vielen Medien stößt man auf den Begriff Smart Home. Doch was steckt hinter diesem Modebegriff? Wir verstehen darunter das sprachgestützte Steuern von Prozessen im heimischen Umfeld. So lassen sich heute Lichtquellen schalten, die Temperaturen in den eigenen vier Wänden steuern oder der Wohnraum überwachen. Natürlich gehört dazu auch die Steuerung von einem multimedialen Erlebnis aus Musik, Video und Licht.

Dabei ist es nicht immer einfach für den normalen Anwender, sich eine Smart Home Lösung auf der Basis von Alexa aufzubauen. Eine übergreifende Dokumentation gibt es nicht. An dieser Stelle soll das vorliegende Buch einen praxisnahen Leitfaden bieten.

ASIN (eBook): **B077TP4GCN**

Die 99 besten Alexa Skills: Die besten Erweiterungen für die Kommunikation mit Alexa – Wissen aus der Cloud

Amazons Alexa scheint aktuell das Maß aller Dinge zu sein, wenn es um einen sprachgesteuerten Assistenten geht. Dabei weist das System bereits zum jetzigen Zeitraum eine Fülle an Sprachbefehlen auf, die unterschiedlichste Themenbereiche abdecken. Dabei ist die Sprachfähigkeit von Alexa wirklich überzeugend. Bereits bei Lieferung zeigt Alexa auf den unterstützten Geräten beachtliche Ergebnisse.

Doch der Sprachassistent geht noch einen Schritt weiter. Um die vielfältigen Möglichkeiten von Alexa weiter auszuschöpfen, haben die Macher Alexa als offenes System konzipiert. Jeder Programmierer, der sich dazu befähigt sieht, kann über eine frei zugängliche Schnittstelle eigene Anwendungen für Alexa entwickeln und diese unter Amazon veröffentlichen. Das Ergebnis sind sogenannte Skills. Die hier vorgestellten Skills sind die eigentlichen Highlights bei Amazon und sollten auf jedem Alexa-Account zu finden sein. Natürlich ist dies eine rein subjektive Einschätzung der vorgestellten Skills. Dennoch bietet diese Sammlung von Skills zumindest einen ersten Anhaltspunkt für die persönliche Erweiterung von Alexa.

Die 99 besten Alexa Skills: Die besten Erweiterungen für die Kommunikation mit Alexa – Wissen aus der Cloud

ASIN (eBook): **B07P9VR15S**

Die 444 besten Easter Eggs von Alexa: Lustigste und tiefsinnige Antworten des Sprachassistenten – Humor aus der Cloud

Was haben eigentlich *Easter Eggs* (Ostereier) mit Alexa zu tun? Ähnlich wie bei Ostereiern, sind auch digitale Easter Eggs (lustige Gags, lustige Bemerkungen, witzige Zitate) im Inneren eines Systems versteckt. Man muss Sie suchen und entdecken. Jeder Anwender kennt sie von Google oder aus den unterschiedlichsten Computerprogrammen. Bei Alexa gibt es nur eine witzige Antwort zu entdecken.

Dabei ist es äußerst erstaunlich, mit wie viel Humor und Tiefgründigkeit der intelligente Sprachassistent daherkommt. Immer wieder stolpert der Anwender über durchaus witzige Antworten. Es ist es wirklich bemerkenswert, wie die Macher dem virtuellen Sprachassistenten so viel Menschliches einhauchen konnten. Auch wenn der Titel keinen tieferen Sinn verspürt, so macht es doch sehr viel Spaß, die Fähigkeiten und die damit verbundene Schlagfähigkeit des Sprachsystems zu ergründen.

Die 444 besten Easter Eggs von Alexa: Lustigste und tiefsinnige Antworten des Sprachassistenten – Humor aus der Cloud

ASIN (eBook): **B07583GZVV**
Hinweis: Jetzt auch als Taschenbuch – ISBN **197347848X**

Virtual Reality - die digitale Welt wird zur Wirklichkeit: Augmented Reality, VR-Brillen, Cardboards, Cyberspace

Lange Jahre erschien Virtual Reality nur als ein Hirngespinst. Entsprechende Lösungen konnte der staunende Fan meist nur auf Messen bewundern. Dahinter steckt eine für den normalen Anwender nicht zu bezahlende Technik. Doch nun scheint VR auch für den Hausgebrauch Wirklichkeit zu werden.

Angefangen bei der Unterhaltung, über medizinische Lösungen bis hin zum Thema Cybersex haben die kommenden Lösungen das Zeug dazu, eine neuartige Mensch-Maschine-Schnittstelle zu schaffen.

Virtual Reality - die digitale Welt wird zur Wirklichkeit: Augmented Reality, VR-Brillen, Cardboards, Cyberspace

ASIN (eBook): **B01DCRG4K2**

Wie hat Ihnen dieses Buch gefallen?

Unser kleines Team von Spezialisten ist bereits seit 1993 als Redaktionsbüro für die unterschiedlichsten Medien tätig. Bereits zu Beginn der Arbeit gehörte die Veröffentlichung von diversen Fachbüchern dazu.

Daher werden wir diesen Titel weiterhin pflegen und erweitern. Wir freuen uns über Ihre Meinung. Schreiben Sie uns an ebookguide@t-online.de oder an ebook@ebookblog.de mit dem Betreff „*Echo Show 5*".

Unser Tipp: Beachten Sie bitte unseren Update-Service für diesen Titel!

Hinweis in eigener Sache, Rechtliches, Impressum

Vielen Dank

Wilfred Lindo

Internet: http://www.streamingz.de

Twitter: http://www.twitter.com/ebookguide

Facebook: https://www.facebook.com/streamingz.de

NEU: Die Seite zu smarten Lösungen: www.smartwatchz.de

Herausgegeben von:

ebookblog.de / ebookguide.de

Redaktionsbüro Lindo

Dipl. Kom. Wilfred Lindo

12349 Berlin

E-Book-Produktion und -Distribution

Redaktionsbüro Lindo

Scan mich! Weitere Ratgeber, die ebenfalls für Sie interessant sind!

Aktuelles zum Titel

Eine Besonderheit dieses eBooks ist die regelmäßige Weiterentwicklung. Mit neuen Updates bei den verschiedenen Plattformen kommen auch neue Funktionen und Anwendungen auf Sie zu. Daher erhalten Sie in regelmäßigen Abständen zu diesem Buchtitel ebenfalls entsprechende Updates.

Dabei existieren einige Grundvoraussetzungen, um stets in den Genuss der aktuellsten Version des vorliegenden eBooks zu kommen. Diese Bedingungen sind allerdings bei jeder Angebotsplattform verschieden:

Amazon: Über die sogenannte *Buchaktualisierung* lassen sich Updates, die der betreffende Autor von seinem Titel eingespielt hat, automatisch über das Kindle-System einspielen. Um in den Genuss dieses Updates zu kommen, müssen Sie allerdings über Ihr Kindle-Konto die *Buchaktualisierung* einschalten. Sie ist standardmäßig nicht aktiv.

Webseite: Wir informieren Sie über unsere Webseite über aktuelle Updates unserer Titel.

Update-Service

Beachten Sie bitte unseren **Update-Service** für diesen Titel! Scan mich!

Bildnachweis

Bilder, die nicht gesondert aufgeführt werden, unterliegen dem Copyright des Autors.

Historie

Aktuelle Version 1.0.4